AF252836

BIBLIOTHÈQUE NATIONALE
B N
IMPRIMÉS

Les
Nouvelles-Hébrides

8° T-13
n.2
186

MACON, PROTAT FRÈRES, IMPRIMEURS

Georges BOURGE

COMMANDANT AUX MESSAGERIES MARITIMES

Les Nouvelles-Hébrides

PARIS

AUGUSTIN CHALLAMEL, ÉDITEUR

17, RUE JACOB

LIBRAIRIE MARITIME ET COLONIALE

1906

Georges BOURGE

COMMANDANT AUX MESSAGERIES MARITIMES

Les Nouvelles-Hébrides

DE

1606 à 1906

Avec 16 photographies de MM. E. MUGNIER et E. MICHELON
Officiers du « Pacifique »

BIBLIOTHÈQUE NATIONALE
R F
IMPRIMÉS

PARIS

AUGUSTIN CHALLAMEL, ÉDITEUR

17, RUE JACOB

LIBRAIRIE MARITIME ET COLONIALE

1906

A Monsieur ÉMILE MERCET

Président honoraire de l'UNION COLONIALE

Président de la S. F. N. H.

HOMMAGE DE SINCÈRE DÉVOUEMENT

G. B.

LES NOUVELLES-HÉBRIDES

Position géographique. — L'archipel des Nouvelles-Hébrides est situé dans la Mélanésie. Il s'étend du 13e au 20e parallèle sud et est compris entre les 163 et 168e méridiens à l'est de Paris.

L'heure centrale des Iles avance donc exactement de onze heures sur la nôtre.

Ces terres forment un tout complet :

1º Avec l'archipel néo-calédonien, qui commence à moins de 400 kilomètres d'Anatom, la plus sud des Hébrides ;

2º Avec les groupes de Banks et de Torrès, qui gisent au nord, à guère plus de 100 kilomètres des dernières terres néo-hébridaises.

Un large canal océanique de plus de 1.000 kilomètres sépare les Nouvelles-Hébrides de l'archipel des Fidji dans la direction du levant, tandis que la mer de Corail les isole, au couchant, des côtes d'Australie, dont le point tropical le plus rapproché se trouve à plus de 2.000 kilomètres de leur centre.

Vers le sud-est, on rencontre la Nouvelle-Zélande, mais à plus de 2.000 kilomètres encore et dans un tout autre bassin maritime.

Ces données suffisent à démontrer que les Nouvelles-Hébrides sont en pleine zone d'influence française, et complètent naturellement nos possessions néo-calédoniennes. A cet égard, il n'y aurait jamais eu de contestations si nous avions montré, dès l'origine, plus de décision dans l'affirmation de nos droits. Mais nos gouvernements successifs n'ont pas toujours pu suivre d'assez près les intérêts du pays dans cette partie du monde. Nous nous sommes trouvés en face de l'Angleterre qui, là comme partout ailleurs, a su très habilement profiter de notre indécision pour revendiquer sa part d'un bien qui devrait nous appartenir, depuis un demi-siècle, en toute propriété.

Division, superficie et population. — A part : 1º les îles Banks, dont le groupe comprend les deux grandes îles Santa Maria et Vanua Lava, plus un certain nombre de petits îlots et récifs occupant une surface de 126 milles du sud-est au nord-est sur 75 milles de largeur du nord au sud ; et, 2º le groupe des

Torrès, dont les cinq îles principales courent au contraire dans une direction nord-est et sud-ouest, l'archipel proprement dit des Nouvelles-Hébrides comprend une quarantaine d'îles et d'îlots qui peuvent se classer en trois groupes, savoir :

GROUPE DU NORD

1º Espiritu Santo, avec ses nombreuses annexes, dont Aoré, Malo ou Saint-Barthélemy et Tu tu ba;

2º Aoba ou l'île des Lépreux;

3º Aurore ou Maewo ;

4º Pentecôte ou Whitsuntide.

GROUPE CENTRAL

1º Mallicolo et ses annexes les Maskelynes;

2º Ambrym et Paama ou Rupia ;

3º Epi ou Tasiko avec ses annexes : Lopevi au nord ; Tongoa, les Shepherd, les Trois-Monts ou Mai et d'autres îlots au sud;

4º Vaté ou Sandwich avec ses annexes : Nguna, Maou, Hinchinbrook au nord, Protection et Déception à l'ouest.

GROUPE DU SUD

1° Erromango ;

2° Anniva et Tanna ;

3° Erronan ou Futuna ;

4° Anatom.

Nous résumons en un tableau les superficies des diverses îles et leur population.

Les mesures ont été établies au moyen du planimètre Amsler par M. J. Giraud, géomètre de la Société française des Nouvelles-Hébrides. Quant aux chiffres concernant la population, aucun recensement n'étant encore possible aux Nouvelles-Hébrides, nous les donnons sous toutes réserves. La plupart ont été empruntés aux travaux des missionnaires anglais sur l'archipel.

NOTES DU TABLEAU CI-CONTRE

1. Rannie, 1874.

2. Beaune, 1894.

3. Le Rev. Fraser dit qu'il n'en restait pas plus de 5.000 au commencement de 1905. Il est probable que tous les autres chiffres sont aussi supérieurs à la réalité.

4. H. Dont 1.405.110 hect. pour les Nouvelles-Hébrides citées, auxquels il faut ajouter 61.900 hect. pour les îlots adjacents.

NOM des ILES	SUPERFICIE	POPULATION NOIRE	
Torrès........	13.200 hect.	2.000 [1]	2.000 [2]
Banks........	79.400 —	3.500	7.000
GROUPE NORD			
Espiritu Santo	490.500 —	30.000	15.000
Malo........	20.300 —	600	?
Aoré.........	10.500 —	?	?
Aoba........	34.400 —	10.000	3.000
Aurore	54.700 —	15.000	500
Pentecôte.....	84.500 —	3.000	500
GROUPE CENTRAL			
Mallicolo......	253.900 —	8 à 10.000	8.000
Ambrym......	64.400 —	10.000	3.000
Epi..........	63.700 —	7 à 8.000 [3]	1.800
Paama........	1.480 —	1.000	1.000
Lopevi........	2.230 —	1.000	?
Tongoa	4.500 —	1.000	?
Shepherd.....	4.500 —		?
Mai..........	3.100 —	500	?
Vaté.........	109.400 —	2 à 3.000	4.000
GROUPE SUD			
Erromango....	111.300 —	2 à 3.000	1.400
Tanna	43.000 —	8 à 1.0000	8.000
Erronan.......	25·000 —	500	1.500
Anatom........	19.700 —	900	1.200
TOTAUX........	1.493.710 [4]	106 à 113	57.900

HISTOIRE

Découverte. — Le 21 décembre 1605, une expédition espagnole appareillait du port de Lima, le Callao, et cinglait vers les rives inconnues du Pacifique occidental. Les vaisseaux étaient sous le commandement de don Pedro Fernandez de Queiros, l'ancien second du neveu du vice-roi du Pérou, Alvarez de Mendana, avec qui il s'était avancé jusqu'aux Santa Cruz dix années auparavant.

Telle est la fascination exercée sur les marins par les terres enchantées du Grand Océan, qu'après avoir parcouru les Marquises et la traînée d'îles qui devait s'appeler plus tard la Polynésie, Queiros n'eut plus d'autre passion que de s'élancer toujours plus loin sur l'immensité du Pacifique, à la recherche du continent austral, dont, « avec la foi ardente d'un chevalier du moyen âge », il rêvait d'être le Christophe Colomb. Son second était Luiz Vaes de Torrès.

Les vaisseaux prirent d'abord connaissance de

Tahiti, traversèrent le groupe des Tuamotous et les îles de la Société, et continuèrent leur route vers l'ouest.

Le 27 avril 1606, le convoi vit se dresser devant les proues une terre très étendue et fort montagneuse. Queiros crut se trouver en face du continent tant désiré, et dont l'existence pour lui ne faisait pas l'ombre d'un doute. Une grande baie s'ouvrit au sud : le hardi navigateur y donna toutes voiles dehors, et bientôt ses ancres tombaient au centre d'un panorama merveilleux.

Queiros prit solennellement possession de la terre où il avait abordé, au nom du Saint-Esprit, de l'Église catholique, du roi d'Espagne et de l'ordre de Saint-François, dont il avait six religieux avec lui. Pendant son séjour, il jeta les fondements d'une nouvelle colonie qui, dans sa pensée, devait bientôt arriver à une prospérité inouïe. Très religieux, il fit tout de suite élever une chapelle en l'honneur de Notre-Dame de Lorette. La ville projetée reçut le nom de Vera Cruz, et les terres environnantes furent sanctifiées par une procession imposante, le jour de la Fête-Dieu. « L'on portait le Saint Sacrement, écrivit Queiros, par un grand circuit de terrains, qu'il honorait de sa présence. » Et c'est ainsi que se trouva consacrée la *Tierra Australis del Spiritu Santo*.

Malheureusement, l'état matériel et moral des équipages de Queiros laissait beaucoup à désirer. Une
mortalité effroyable les avait décimés. De véritables
mutineries occasionnèrent la dislocation de l'expédition. Il fut même impossible aux deux chefs de reconnaître suffisamment l'importance de leur découverte.
Queiros appareilla le premier pour Manille ; mais une
fois au large, ses hommes l'obligèrent à faire route en
sens opposé : neuf mois après son départ, il débar-
quait à Acapulco, muni d'un mémoire pour son roi,
dans lequel il décrivait les richesses fantastiques de la
Terre Australe du Saint-Esprit.

Malgré l'énumération abondante de tant de trésors,
Queiros en fut pour ses frais d'enthousiasme, et son
rapport eut le sort mélancolique de tous les rapports.
Après avoir épuisé tous les moyens d'intéresser les
conseillers et les courtisans à la cause à laquelle il
avait voué sa vie, Queiros s'adressa à l'initiative privée, et il allait partir pour une nouvelle expédition
lorsque, en 1614, la mort vint le surprendre.

Quinze jours après le départ de son chef, Luiz Vaes de
Torrès quittait à son tour les eaux de Spiritu Santo.
Avant de s'éloigner, il reconnut l'insularité de cette
terre. Pris dans le calme, le *San Pedro* fut entraîné par
les courants vers la mer de Corail. Lorsqu'il put faire

voilé, le vent ne lui permit pas de remonter suffisamment au nord, et Torrès vint malgré lui prendre
connaissance de la pointe sud de la Nouvelle-Guinée.
Le célèbre marin entrait ainsi dans l'immortalité
en pénétrant, sans s'en douter, dans le détroit
au sud duquel se trouvait le fameux continent pres-
senti par Queiros. Après bien des péripéties, le
glorieux *San Pedro* fit son apparition sur rade de
Manille en mai 1607. On sait que la monarchie
espagnole gardait jalousement secrets les rapports de
ses découvreurs maritimes, aussi ce ne fut qu'en 1762,
après la capture de Manille par les Anglais, que l'hy-
drographe Dalrymple révéla au monde la gloire de
Torrès et la transmit à la postérité, en baptisant le
détroit dangereux du nom de son premier navigateur.

Les Espagnols partis, la nature exubérante d'Espiritu Santo eut vite fait d'effacer la trace de leur
courte visite, et les marins perdirent de vue les Nouvelles-Hébrides pendant plus de 150 ans.

Ce ne fut, en effet, pas avant 1767 que Philippe
Carteret, avec le *Swallow*, aborda dans plusieurs îles.
Bougainville, le premier des circumnavigateurs français, pénétra dans cet archipel l'année suivante avec
la frégate la *Boudeuse*. Il laissa son nom au canal
qui sépare la grande île Mallicolo du groupe d'Espi-

ritu Santo, et baptisa, à l'exemple du marin espagnol, de noms religieux, les îles Pentecôte et de Saint-Barthélemy, dont personne avant lui n'avait eu connaissance. Cependant, l'appellation de Grandes Cyclades qu'il donna à tout l'ensemble du groupe ne devait pas prévaloir.

Après avoir découvert l'archipel des Amis, Cook se préoccupa de reconnaître les îles vues par Queiros et Bougainville ; mais il ne put pousser jusque-là qu'au cours de sa deuxième expédition. Il les attaqua par le sud, à bord de sa vaillante *Resolution*, en fit l'hydrographie avec une approximation extraordinaire, et nomma d'une façon à peu près définitive la plupart des îles, des caps, des baies et des détroits. Après ce navigateur de génie, il ne restait jamais grand'chose à faire ! Cook prit contact avec les insulaires à Port-Sandwich (Mallicolo), à Erromango, à Tanna et à Espiritu Santo, dans la baie de Saint-Philippe, où les naturels avaient perdu tout à fait le souvenir des Espagnols.

Les Nouvelles-Hébrides furent sans doute les dernières terres visitées par La Pérouse avant son naufrage à Vanikoro.

D'Entrecasteaux et Dumont d'Urville les traversèrent également en 1793 et en 1850.

Bennett, Ritchman et, un peu plus tard, le capitaine Erskine firent des découvertes de détails comme Port-Havannah, que ce dernier baptisa du nom de son navire.

Missions anglaises. — Depuis le milieu du siècle dernier, les îles ont été visitées, en outre, assez fréquemment, par les navires des missions anglaises. John Williams, missionnaire célèbre en Océanie, y fit son premier voyage en 1824. Cet ardent pionnier de l'Évangile... et de l'Angleterre, parcourut successivement Futuna, Tanna, Erromango. Le 30 novembre 1830 il fut tué dans cette dernière île.

En 1842, la Société Biblique de Londres (L. M. S.) envoya les Rev. Turner et Nisbel à Tanna. Ils y furent très mal accueillis.

En 1854, le Dr. Selwyn, évêque de Nouvelle-Zélande, parcourut l'archipel en compagnie du Rev. John Coleridge Paterson, qui fut nommé évêque de Mélanésie dans le courant de cette même année. Refoulé par les missions presbytériennes organisées par la métropole, Paterson dut gagner les îles du nord, et un peu après, le groupe même des Swallow, où le malheureux fut assassiné.

En 1848, la L. M. S. avait envoyé à Anatom le Rev. John Geddie qui, assisté d'un missionnaire et de *teachers*[1] du séminaire de Samoa, organisa la prise de possession des *néo-hébridais* par l'Église presbytérienne.

En 1857, le Rev. George N. Gordon s'établissait avec sa femme à Erromango. L'année suivante, seize ans après la fuite de Turner et de Nisbet, Tanna était occupé de nouveau par les Rev. Copeland et Paton, accompagnés de Mrs Paton. En 1864, les missions s'avancèrent jusqu'à l'île Vaté. En 1870, le Rev. O. Milne s'établissait à Nguna, et la même année, Spiritu Santo, parcourue deux ans auparavant par le Rev. James D. Gordon, recevait le Rev. John Goodwill.

Assez riches pour se faire ravitailler et desservir régulièrement par un yacht à vapeur de tonnage important, les missions anglaises n'ont fait que prospérer depuis ce temps. Leurs chefs jouent dans la plupart des îles le rôle agréable d'évêque-roi, et jouissent de toutes les prérogatives attachées au moyen âge à ces fonctions.

Pourtant, les résultats obtenus jusqu'ici par les missions anglaises dans l'archipel restent problématiques. On peut répéter à leur propos ce que Cook a

---

1. Catéchistes indigènes.

dit des premières missions espagnoles en Polynésie, en contemplant l'exergue de leur établissement : *Christus vincit et Carolus imperat.*

« It is very unlikely that any measure of this kind should ever be seriously thought of, as it can neither serve the purpose of public ambition nor private avarice ; and without such inducement I pronounce that it will never be undertaken. [1] »

Missions françaises. — Si, avec de l'or jeté à pleines mains et des moyens puissants d'intimidation, les missions anglaises ne sont arrivées qu'à des résultats désastreux au point de vue de la vraie civilisation, que pouvaient nos missions pauvres, dès l'origine, sans ressources et sans cohésion, faute de cette navette indispensable qu'est le navire dans un pays maritime divisé à l'extrême par tant de bras de mer?

En 1848, après avoir été chassés de la Nouvelle-Calédonie par une persécution sanglante, des missionnaires français, sous la conduite du P. Rougeyron, débarquèrent à Anatom. L'année suivante, l'évêque *in partibus* d'Amata vint les visiter. Il leur amenait un nouveau contingent de missionnaires. Mais la maladie autant que l'hostilité des indigènes

---

1. Cook's Third voyage.

les obligèrent à quitter l'île les uns après les autres, et l'œuvre des missions françaises aux Nouvelles-Hébrides était abandonnée ; elle ne fut reprise que trente-sept ans plus tard.

Soutenu par l'énergique et combatif vicaire apostolique de la Nouvelle-Calédonie qui vient de mourir, Mgr Fraysse, sans être tout d'abord couronné de succès, le nouvel effort eut raison jusqu'à un certain point des difficultés matérielles et morales provenant moins du manque d'argent et de l'insalubrité que des sourdes manœuvres de nos rivaux.

Le 18 janvier 1887, le *Guichen* appareillait de Nouméa pour l'île Vaté avec une douzaine de catéchistes canaques et quatre missionnaires.

Le P. Pionnier, auteur d'une communication à la Société de géographie de Paris, accompagnait la petite troupe en qualité de provicaire des Nouvelles-Hébrides.

Le P. Le Forestier, supérieur de la Mission, fut débarqué dans la baie de Pango. Il essaya de s'installer sur l'îlot Mélé ; mais l'attitude hostile des sauvages le força à planter sa tente sur la grande terre.

Un second poste fut institué à la baie Bannam d'abord, sur l'île Mallicolo, puis à Port-Sandwich, dont on devait faire le centre d'évangélisation catholique. On y éleva donc une vaste maison d'habitation et deux chapelles. Il y existe aussi un orphelinat qui est dirigé par une sœur.

Des pères et des frères maristes furent successivement détachés à partir de 1888 dans les îlots dépendant de Mallicolo : à Rano, Walla, Vao et Atchin. Là, comme en un paradis terrestre, vivent des peuplades très denses, au caractère ouvert mais peu accessible aux subtilités de la foi catholique, si on en croit le R. P. Rougé. D'après ce missionnaire, ce n'est pas avant 1903 que « commença, très faible, un petit mouvement vers notre sainte religion ».

En 1890, Mgr Fraysse ayait envoyé dans les îles un nouveau provicaire, le P. Douceré, auquel son activité méritoire a valu d'être promu évêque *in partibus* de Térénuthis à la fin de 1904.

Cette décentralisation intelligente a permis un rayonnement plus rapide des missions françaises. Dès 1889, un indigène d'Ambrym ayant vécu plusieurs années en Nouvelle-Calédonie, demanda un missionnaire pour sa tribu, située à Sésivi, en face de Port-Sandwich. Son désir ne put recevoir satisfaction qu'en 1894 par la fondation de la mission de Craig Cove. L'année précédente, un premier missionnaire avait été installé à Olal sur la côte orientale de cette grande île.

En 1898 seulement apparurent les deux premières *sœurs* envoyées de Nouméa à destination d'Ambrym. Au mois de mai, avec le concours d'une soixantaine de Canaques convertis aux Fidji, on put installer quatre missions sur la côte ouest de Pentecôte ; mais il ne fut possible d'y laisser que deux missionnaires. En 1899, sur la demande des colons de Mélé-Faureville (Vaté), les missions de Port-Vila reçurent une nouvelle impulsion.

L'année 1900 vit l'établissement de deux nouveaux postes à Espiritu Santo et à Aoba, grâce à l'arrivée de six missionnaires enfin envoyés de France sur le désir et à la demande de la Société française des Nouvelles-Hébrides.

Au commencement de 1901, nouveaux renforts : un père, un frère et quatre sœurs viennent prendre la charge de l'hôpital et de l'école de Franceville.

En 1903, nouvelles recrues de France : un père et quatre sœurs.

En 1904, la laïcisation des écoles et orphelinats de la Nouvelle-Calédonie amène une nouvelle émigration ecclésiastique dans l'archipel, et une école plus importante est élevée au centre principal, qui s'organise lentement et par la force des choses en capitale française.

En avril, satisfaction put être donnée aux colons d'Epi, qui demandaient un missionnaire depuis longtemps.

Quelque temps après, une autre mission était fondée à la baie du Sud-Ouest, en Mallicolo.

Trois cents ans après la découverte de Queiros, la situation des Missions françaises aux Nouvelles-Hébrides est donc à peu près celle-ci :

    1 Vicaire apostolique,

  22 missionnaires ordonnés,

  10 frères maristes,

  16 religieuses

et un certain nombre de catéchistes canaques. Ce personnel se trouve ainsi réparti :

    3 postes dans l'île Vaté,

    6   —   à Mallicolo,

    2   —   à Espiritu Santo,

    2   —   à Aoba,

    5   —   à Pentecôte,

    3   —   à Ambrym,

    1   —   à Epi.

Les missions anglicanes, elles, n'ont pas moins de 65 pasteurs, et le plus grand nombre de leurs teachers sortent des séminaires de Samoa.

Pour combattre efficacement les missions rivales,

c'est-à-dire arriver à propager les éléments de notre langue de façon à balancer le nombre des indigènes exprimant leurs idées et leurs besoins avec des mots à peu près anglais, il faudrait renforcer les stations existant déjà et en fonder beaucoup d'autres. Mais cela demande avant tout de l'argent. Or nos missionnaires sont presque dénués de tout. Leur pauvre traitement de 800 francs ne leur est payé que très irrégulièrement. Ne seraient-ils pas excusables d'être pris de découragement en face de leurs adversaires, magnifiquement armés et puissamment riches, grâce à l'aide effective que leur donne la Société des Missions évangéliques de Londres?

La plupart de nos prêtres n'ont d'autre abri que la paillote en pandanus. Réduits à se contenter, presque toute l'année, de l'alimentation des indigènes, ils se mêlent à eux et partagent leurs misères, ce qui ne les met pas dans des conditions morales satisfaisantes pour lutter avec les missionnaires anglicans, dont tous les besoins sont satisfaits, et qui disposent de cottages commodes et élégants, où ils jouissent de tous les conforts de la vie civilisée.

Notre premier Haut Commissaire de la République dans le Pacifique, M. Paul Feillet, ne manqua pas d'attirer l'attention du Département sur le mérite des missionnaires français.

« Ne sommes-nous pas en droit, écrivit-il au ministre des Colonies, d'être fiers de voir nos prêtres français ne pas craindre d'entamer une lutte dans des conditions aussi inégales ? Mais ils savent que les générosités des protestants sont insuffisantes à cacher l'égoïsme implacable de leurs rivaux, et que les jours viennent où l'indigène compare et se tourne vers celui qui, pour être plus grand, descend jusqu'à lui, compatit à ses peines, le soigne dans ses maladies parce qu'il voit en lui un frère auquel il doit son appui, plutôt qu'un client dont il espère les commandes. »

L'enseignement du français devrait être la première tâche de nos compatriotes ecclésiastiques dans l'archipel. Les plus intelligents s'en occupent presque exclusivement ; car ceux-là ne se font pas d'illusions et reconnaissent, mélancoliquement il est vrai, qu'au point de vue du développement métaphysique on ne peut attendre que des résultats insignifiants sur la première génération.

Les premiers trafiquants (traders.) — Les Nouvelles-Hébrides furent visitées en tout premier lieu par les baleiniers. Ils y relâchaient avant de pousser plus avant dans le sud. Les cétacés s'y montraient d'ailleurs assez fréquemment et, jusqu'en 1864, M. Cronstadt, un des plus anciens et des plus estimés colons du groupe, conserva une station de pêche à Aneytum.

Les sandaliers furent leurs contemporains. Ces destructeurs impitoyables ont laissé encore moins de traces aux Nouvelles-Hébrides que les baleiniers, car ils se sont acharnés à dévaster les admirables forêts de bois précieux qui florissaient sur divers points de l'Archipel.

Ensuite vinrent les recruteurs, dont les exploits ne tardèrent pas à appeler l'attention du monde entier sur ces îles jusque-là inconnues. Le recrutement de main-d'œuvre donna lieu, en effet, dès l'origine, à des abus devant lesquels la civilisation ne pouvait pas rester indifférente.

Il y a vingt-cinq ans, l'importance du recrutement était considérable. On peut estimer à 6.000 le nombre des indigènes recrutés alors par les navires du Queensland, des Fidji, des Samoa, de la Nouvelle-Calédonie, d'Honolulu et de plus loin.

Le ressentiment du Canaque pour le Blanc date de l'apparition de ces flottes, armées pour la plupart par de véritables pirates.

Les négriers de la Mélanésie opéraient, d'ordinaire, si discrètement, que leurs crimes restèrent longtemps insoupçonnés. En 1863, un raid fut organisé du

Callao sur les archipels du Pacifique sous prétexte d'engager des travailleurs. Un dépôt fut établi à l'île de Pâques. Sept navires s'étant rassemblés sur ce point, leurs équipages, armés jusqu'aux dents, descendirent à terre, capturèrent les naturels, s'emparèrent de toutes les provisions comestibles, œufs, volailles, cochons, ignames, etc., et emmenèrent leur butin à bord, après avoir détruit les villages par le feu.

Plus de 1.500 de ces malheureux sauvages furent débarqués cette année-là sur les côtes du Pérou. On espérait pousser l'opération jusqu'à une dizaine de mille, si possible.

Les forbans qui exécutaient ce plan criminel ne reculaient devant rien pour se procurer des indigènes. Un de leurs navires toucha à Samoa en signalant qu'il lui fallait 300 Canaques pour compléter sa cargaison. Il en avait déjà un nombre égal dans ses cales.

Ces croisières barbares n'épargnèrent pas les Nouvelles-Hébrides. Les Australiens finirent par s'en émouvoir. Ils commencèrent par envoyer au gouvernement anglais des pétitions relatant des faits incroyables. Puis un meeting fut tenu à Sydney. On y vota des résolutions énergiques pour inviter la métropole à faire cesser dans les îles ces crimes de lèse-humanité.

Cependant, les sauvages allaient être attaqués, mais avec plus de formes, de l'autre côté. Il fallait à tout prix des travailleurs pour les champs de cannes à sucre du Queensland. Les recruteurs anglais vinrent embaucher leur main-d'œuvre jusqu'en vue des côtes néo-calédoniennes, sur les îles Loyalty.

La conduite de ces Canaques, que les négriers traitaient le plus souvent comme des bêtes féroces, fit l'admiration des colons du Queensland. « Ils observaient le dimanche et pouvaient écrire dans leur propre langue [1]. » Cela n'empêchait pas les malheureux d'avoir à supporter toutes sortes de spoliations et de mauvais traitements. Cet état de choses regrettable motiva une nouvelle pétition qui énumérait en dix articles les faits les plus criants.

En 1870, l'évêque Paterson écrivait : « L'exaspération des naturels est très grande. La traite se propage terriblement. Les sauvages se livrent à des représailles ; ils attaquent les équipages des embarcations et ne savent plus discerner un ami d'un ennemi blanc. »

Après bien des tentatives, on est enfin arrivé à

1. STEEL. *The New Hebrides and Christian Missions.*

rendre presque impossibles les atrocités des recruteurs.

Cependant, un certain état d'hostilité règne toujours entre les deux partis ; et, de temps en temps, il tombe encore des victimes de part et d'autre.

Cette grave question ne pourra recevoir de solution tant que le maintien de l'ordre et la sauvegarde des vies et des propriétés dans les îles resteront régis par la convention anglo-française du 16 novembre 1887.

Colonisation. — L'œuvre proprement dite de la colonisation est de date relativement récente. Pourtant, dès le début de notre arrivée en Mélanésie, Nouméa était devenu l'entrepôt des produits provenant des Nouvelles-Hébrides. C'est ainsi que s'affirmait, sans tarder, l'étroite dépendance de toutes les terres situées dans le voisinage de la Nouvelle-Calédonie.

Mal renseignés à cet égard, les ministres de Napoléon III commirent en 1864 la faute capitale de ne pas étendre, dès cette époque, la prise de possession aux îles Loyalty et à tout le groupe immédiat des Nouvelles-Hébrides. On pense qu'ils croyaient pouvoir le faire à leur gré plus tard ; et, cependant, déjà, le gouvernement de l'Empereur aurait dû prévoir que l'intrusion des missionnaires anglicans et les entre-

prises de capitaines marins comme Robert Towns dit
« Bobbie » et James Paddon, suffiraient à l'Angleterre
pour appuyer des revendications de souveraineté dont
on nous fera payer l'abandon très cher, en admettant
que les Nouvelles-Hébrides deviennent jamais toutes
politiquement françaises.

Les polémistes australiens sont partis de là les premiers pour démontrer le bien fondé de l'annexion
de tout l'archipel par le gouvernement britannique.

« Cet archipel, dit l'un d'eux, a été découvert pour
la plus grande partie par un officier de la marine
anglaise ; presque toutes les îles ont été soigneusement hydrographiées par des navires de guerre britanniques. Pendant une longue série d'années, la
justice y a été rendue uniquement par des vaisseaux
anglais ; les missions, qui y sont fortement établies,
ne comptent que des sujets anglais. Il en est de même
des colons, et les naturels préfèrent trafiquer avec les
Anglais qu'avec les Français... Certainement, la
France et la Grande-Bretagne ne se laisseront pas
entraîner dans un *casus belli* pour une question de
souveraineté sur une chaîne d'îles d'une insignifiance
si relative, et sûrement de peu d'importance pour
une nation comme la France qui, bien que désireuse
d'encourager ses nationaux à acquérir des terrains dans

le Pacifique, n'est pas sans savoir qu'elle ne peut attendre beaucoup de son œuvre d'expansion en des parages si reculés. De plus, les résultats donnés jusqu'ici par les entreprises françaises aux Nouvelles-Hébrides ne sont pas faits pour attiser sa flamme du désir de possession... Ce n'est certainement pas par manque d'effort et de persévérance qu'elles ont failli, mais à cause d'une évidente inaptitude à la colonisation !! En toute loyauté, il faut admettre qu'elles méritaient un meilleur sort. Leurs efforts pour s'attacher les sauvages n'ont pas plus de succès ; de sorte qu'en l'occurrence, il n'est pas surprenant que le Canaque aime mieux avoir affaire aux Anglais qu'aux Français. C'est un fait historique que les Anglais étaient aux Nouvelles-Hébrides avant les Français, si bien, qu'en conséquence, ainsi que beaucoup d'autorités l'admettent aujourd'hui, si l'occupation primaire justifie l'annexion, les Anglais possèdent évidemment des droits antérieurs [1]. » On voit l'habileté de cette thèse, appuyée d'ailleurs sur un renversement des faits.

Mais, que nos compatriotes le comprennent bien, nous ne devons pas nous endormir dans la croyance

----

1. Burns Philp & Cº. *Guide in the Pacific.* Sydney, janvier 1903.

que « les Australiens sentent aujourd'hui que leur ancienne opposition n'a plus aucune raison d'être[1] ». Jamais ils ne désarmeront sur cette question. Au contraire, la constitution des différentes colonies du continent austral en Commonwealth a donné plus de poids aux *tumultes* soulevés de temps en temps à Melbourne, centre du gouvernement fédéral et des intrigues presbytériennes. L'Angleterre ne peut pas ne pas en tenir compte. D'autre part, la disparition de M. Higginson, porte-pavillon de l'action française aux Nouvelles-Hébrides, a été si bien exploitée par nos adversaires, que la solution de ce problème est devenue peut-être plus ardue que jamais elle ne l'a été pour notre diplomatie et pour les ministres responsables, et cela en dépit de l'entente cordiale.

Il a fallu toute la vaillance et toute la ténacité de nos compatriotes néo-hébridais pour que la partie ne soit pas irrémédiablement perdue depuis longtemps. Leur œuvre déjà vaste et chaque année plus profondément enracinée s'épanouit irrésistiblement, car elle a ses fondements, non comme celle des missions anglaises dans l'action religieuse sur une

---

1. Nicolas Politis. *La condition internationale des Nouvelles-Hébrides*. Paris, 1901.

race dont l'effroyable mortalité diminue constamment. l'apanage réel des évêques-rois, mais au sein d'un sol d'une inépuisable fertilité d'où sortent des richesses merveilleuses et utiles au bien-être général.

Grâce à ce labeur trop longtemps resté obscur et méconnu, nos ministres ont entre leurs mains des arguments contre lesquels, un jour, aucun sophisme ne tiendra.

Lors de la prise de possession de la Nouvelle-Calédonie par la France en 1853, les Nouvelles-Hébrides ne comptaient pas un colon, et le mouvement du commerce du bois de santal et du coprah était insignifiant. L'article qui donna vite beaucoup d'importance à l'archipel fut l'exportation des indigènes, connue sous le nom de recrutement. Un arrêté du gouverneur de la Nouvelle-Calédonie daté de 1865 réglemente ce recrutement. La législature du Queensland s'en est inspirée en 1868 pour son *Polynesian Labourers Act.*

Si le recrutement a été une cause de tristesse et de dépopulation pour les îles, il faut convenir que c'est grâce à lui que de nombreux Européens ont osé s'établir définitivement aux Hébrides.

En effet, au cours de leurs croisières, qui s'étendaient aux moindres îlots, les recruteurs purent se rendre compte de la richesse des terres qu'ils visitaient et de leurs inépuisables ressources en cocos, biche de mer, nacre, etc. Des hommes de leurs équipages s'installaient un peu partout pour faire du coprah, tandis que d'autres demandaient leur fortune à la mer.

Dans les premiers temps, les navires recruteurs ravitaillaient ces enfants perdus et exportaient leurs produits ; plus tard, l'établissement agrandi de ces pionniers du commerce néo-hébridais nécessita un autre mode d'approvisionnement ; aussi, bientôt, plusieurs maisons de commerce ouvrirent des succursales à Port-Havannah.

La maison Godefroy de Samoa essaya de s'emparer du monopole commercial du groupe. Elle y créa plusieurs stations, desservies par de petits voiliers qui étaient sa propriété. La population des Iles n'était pas encore suffisante pour rétribuer une telle exploitation. En 1883 une débâcle se produisit, et le nom de Godefroy disparut des Hébrides.

Les premières terres exploitées par les Européens furent les Banks, Aoba, et les îles du Sud.

Les « traders » de Santa Maria et de Vanua Lava disparurent rapidement, et en 1889, il ne restait plus aux Banks qu'un seul Blanc.

Deux Anglais, Johnson et Schaffer, s'étaient installés

sur l'île Aoba, où ils se livraient au commerce du coprah. De plus, ils possédaient un côtre, l'*Idaho*, avec lequel ils allaient pêcher la biche de mer jusqu'aux Santa-Cruz.

Johnston fut tué, et Schaffer mourut quelque temps après. L'*Idaho* fut acheté par Mac Leod, alors le plus important trader des îles. Il s'occupait de la biche de mer, du coprah et entre temps, de recrutement pour Nouméa. A un certain moment même il prit, par intérim, la direction de la Société Calédonienne des Nouvelles-Hébrides.

La Nouvelle-Calédonie avait peu participé à ces premières tentatives de développement du commerce néo-hébridais.

Cependant, la maison Rataboul et Puech avait planté des jalons à Tanna. Elle se disposait à pénétrer à Vaté, lorsque le commerce néo-hébridais subit un temps d'arrêt. En 1878 il ne restait plus que quelques traders à Epi, à Mallicolo et dans les îles du sud.

C'est à cette époque que vinrent s'installer à Port-Vila MM. Chevillard et Zœpfel. Celui-ci s'avança jusqu'aux Banks avec son côtre, le *Port-Vila*. Il y créa quelques stations, tandis que son associé dessinait ce qui devait être la magnifique plantation de France-ville [1].

1. Voir la gravure.

La situation de l'île Vaté à cette époque se présentait ainsi : Glisson à Undine Bay ; deux magasins à Port-Havanah ; Young à Rané ; Ford à Tukutuk ; Mac-Leod à Port-Vila (Anabrou) ; Chevillard et Zœpfel avec trois ou quatre autres planteurs autour de la baie. C'était l'embryon de la colonisation actuelle.

Peu de temps après, François Rossi, Mathieu Ferray, Fortuné Lachaize venaient s'installer comme traders à Ambrym, Aoba et Malo.

Puis, W. Morgan constituait à Nouméa la « Société de spéculation des Nouvelles-Hébrides » et devenait acquéreur de la goélette *Energy* pour trafiquer dans le groupe ; Jim Wilbur créait la station de Dhuyn'-Dhuy à Aoba ; G. Craig celle de Craig's Cove à l'ouest d'Ambrym et H. Hutton celle de Lantas.

Ainsi, peu à peu, les îles voyaient se multiplier les centres intermédiaires, et le commerce néo-hébridais prenait un essor qui ne devait plus cesser de croître. Les communications étaient assurées avec la base naturelle de Nouméa par les caboteurs de Mac-Léod, de W. Morgan, de Chevillard et Zœpfel.

Tel fut le début de la nouvelle période, qui s'ouvrit par la création de la « Cie Calédonienne des Nouvelles-Hébrides », et qui pourra s'appeler dans l'histoire locale « le cycle Higginson ».

A ce moment, la production des îles donnait à peu près 1.500 tonnes de coprah, 250 à 300 tonnes de maïs ; et, en quantités beaucoup plus faibles, de la biche de mer, de la nacre, de l'écaille de tortue, des amandes séchées ou nangaï et un peu de café.

La lutte d'influence. — Les colons de nationalité anglaise furent d'abord les plus nombreux, et ceux qui résidaient à Tanna demandèrent, les premiers, en février 1875, l'annexion des îles à la France. Dans leur pétition au gouverneur da la Nouvelle-Calédonie ils allaient même jusqu'à prétendre que « les naturels divisés en un si grand nombre de petites tribus toujours en guerre les unes avec les autres, accepteraient avec plaisir toute intervention étrangère qui rétablirait la paix ».

En mai 1876, nouvelle pétition des planteurs et résidents de l'île Vaté [1]. Ceux-ci se fondent pour demander le protectorat de la France sur ce que leur île est l'annexe géographique et commerciale de la Nouvelle-Calédonie.

Un négociant de Nouméa, irlandais de naissance, très actif et très entreprenant, et établi depuis 1859 dans nos possessions mélanésiennes, Higginson, était

1. Voir Annexe II.

l'âme de ce mouvement. Mais il n'y a pas d'action sans réaction. Un courant parallèle et contraire fut suscité en Australie dès 1871 par les missions méthodistes, menacées dans leur magnifique fief ; et, poussée par l'opinion publique de ses colonies, habilement maniée par des maîtres en l'art de travailler les hommes, l'Angleterre, d'abord hésitante, finit par adopter les vues ambitieuses de ses scions australiens. En conséquence, elle commença résolument, pour le compte du continent austral, l'application au Pacifique occidental des principes de Monroë, englobant successivement dans les plis de son drapeau, les Fidji, la Nouvelle-Guinée, les Salomon, puis tout dernièrement (1898), les îles Santa-Cruz ou de la Reine Charlotte.

Notre grand tort a été de ne pas répondre en 1875 à l'accaparement des Fidji par l'annexion pure et simple des Nouvelles-Hébrides. L'indifférence du pays devant ce qui se passait dans le Pacifique fit redoubler de zèle les agitateurs méthodistes ; et, en 1877, dans un grand meeting tenu à Melbourne, le Rev. Paton et quelques orateurs aussi passionnés réclamèrent l'annexion immédiate des Nouvelles-Hébrides à l'Angleterre. Les journaux australiens se firent les champions des revendications presbytériennes en développant ce thème caractéristique : « Il est presque certain que le progrès que nous avons fait dans le Pacifique entraînera la nécessité d'en faire encore d'autres [1]. » Et le journal le plus lu de toute l'Australie, en Angleterre ajoutait : « Les colonies australiennes ont fait, il y a quelques années, une longue guerre pour débarrasser ces mers des condamnés de la Grande-Bretagne. Elles ne peuvent donc voir avec indifférence les îles du Pacifique occupées par des établissements pénitentiaires français. »

Quoique admirablement organisée, cette campagne n'obtint pas auprès du Foreign Office le succès qu'on en attendait. Cependant elle nous mit décidément en mauvaise posture, par suite d'une nouvelle indécision du gouvernement français qui, au lieu de relever le gant jeté par les Australiens, se borna à demander des explications à Londres sur le mouvement des colonies australiennes, et crut devoir déclarer que « n'ayant pas le projet de porter atteinte à l'indépendance des Nouvelles-Hébrides, il serait heureux de savoir que de son côté le gouvernement de S. M. Britannique était également disposé à la respecter [2] ».

1. *Sydney Morning Herald*, 9th october 1877.
2. Livre jaune : *Affaires des Nouvelles-Hébrides, des îles Sous-le-Vent et de Tahiti.*

C'est ainsi que commença la « conversation » diplomatique qui devait aboutir neuf années plus tard au condominium signé par MM. Flourens et Egerton au nom des deux gouvernements.

A partir de ce moment, la lutte d'influence et d'intérêts qui régnait déjà dans l'archipel redoubla d'intensité, amenant, de temps en temps, de nouvelles notes diplomatiques de part et d'autre. Chacun s'ingéniait, du côté anglo-australien aussi bien que du côté français, à créer dans les îles le plus grand nombre d'intérêts nationaux possibles.

Ayant beaucoup d'avance, les Anglais semblaient fatalement devoir être à même un jour d'invoquer la maxime qui, d'après Charles Dilke, est le principe essentiel de toute politique coloniale : « Là où sont les intérêts, là doit être la domination [1]. »

Ils se hâtèrent d'organiser la protection, ne négligeant rien pour qu'elle eût toute son efficacité traditionnelle. En 1880, l'emploi de haut commissaire de S. M. pour le Pacifique Occidental (*H. B. M.'s High Commissioner for the Western Pacific*) fut créé et conféré au gouverneur des Fidji, qui usa sans tarder de sa nouvelle autorité. Depuis cette époque, un navire

---

1. Charles DILKE. *L'Europe en 1887*. Londres, 1887.

de guerre anglais n'a cessé de parcourir les eaux de l'archipel pour rendre efficaces les dispositions prises par le haut commissaire. La police britannique s'étendit aux sujets français, si bien que plusieurs de nos compatriotes furent saisis dans les îles pour comparaître devant la justice du High Commissioner.

Le désintéressement de la métropole ne découragea pas nos compatriotes, de plus en plus nombreux, établis dans les îles.

Entraînés par l'activité de M. Higginson, en 1882, ils fondèrent la Compagnie Calédonienne des Nouvelles-Hébrides, au capital de 500.000 francs. Les actions furent souscrites en vingt-quatre heures par les principaux négociants de Nouméa. Cette Société se donnait pour mission d'assurer la prépondérance des intérêts français dans l'archipel par l'achat de terrains vierges et des propriétés appartenant aux colons anglais incapables de s'adapter à la vie équatoriale.

Grâce à l'influence de ce remuant chef de file, l'immigration néo-hébridaise fut reprise par la Société avec toutes les garanties voulues. Ce mouvement avait été suspendu le 30 juin 1882 pour laisser aux libérés sans moyens d'existence le monopole du travail dans les mines.

La C. C. N. H. s'occupa également de faciliter l'émigration française dans l'archipel ; et dès 1883, les exportations en maïs, en coprah, et même en café, prenaient bonne tournure. A la fin de 1886, la superficie des terrains lui appartenant se chiffrait par plus de 700.000 hectares ; elle était maîtresse des plus beaux ports et des principaux mouillages, et possédait des fermes en plein développement ainsi que des stations commerciales pleines d'avenir. Un courrier mensuel circulait sous son pavillon entre Nouméa, les îles Loyalty et les Nouvelles-Hébrides. Les cinq premières années, on put croire que l'initiative privée allait rendre l'annexion à la France malgré tout inévitable.

Un tel élan ne pouvait manquer d'inquiéter sérieusement les Australiens (lisez toujours : les Presbytériens). Ils essayèrent de répondre du tac au tac en fondant une Compagnie similaire anglo-australienne au capital de 25 millions. La C. C. N. H. avait choisi Franceville (Vaté) comme centre d'action ; sa rivale annonça que sa base d'opérations serait dans l'île centrale de Mallicolo.

Pendant que le Parlement de la Nouvelle-Zélande examinait la demande de garantie du capital à souscrire, M. Higginson affrétait à la hâte le vapeur *Ne-*

Oblie, et cinglait vivement vers les îles. Le principal but de cette expédition était d'acheter les terrains qui entourent Port-Sandwich, afin de couper l'herbe sous le pied de la Compagnie en formation, et cela d'une façon irréparable.

Au bout de quatre jours de navigation, le *Ne-Oblie* prenait à la remorque, dans Port-Havannah, le ponton le *Chevert*, pour le conduire à Port-Sandwich, où l'ancien aviso devait servir de magasin flottant.

L'opération était lourde pour le faible *Ne-Oblie*, mais la valeur des marins qui procédaient à ce remorquage historique suppléa victorieusement à l'insuffisance des moyens, et le 8 novembre 1884, soutenus par la présence réconfortante de M. Higginson, les capitaines Gaspard et Martin avaient la satisfaction de jeter l'ancre, à dix heures du soir, en rade de Port-Sandwich.

Le lendemain matin, au lever du jour, la plage se peupla de sauvages, non moins étonnés de la forme extraordinaire du *Chevert* que ne l'avaient été leurs aïeux, quelque cent ans auparavant, à l'apparition du voilier du capitaine Cook.

Revenus rapidement de leur ahurissement, les Canaques poussèrent les pirogues à la mer, et, en très peu de temps, le pont des deux navires fut rempli de visiteurs.

Sur l'appel de M. Higginson, le grand chef Néam Baugéré et son fils Sam, ainsi qu'un autre chef du nom de Naïm Macona, vinrent conférer avec lui et le capitaine d'infanterie de marine que le champion des Nouvelles-Hébrides avait amené avec lui pour donner plus de force à la convention qu'il avait l'intention de passer avec les habitants riverains de Port-Sandwich. Un traité d'alliance sortit de cette conférence, à laquelle assistaient, en outre, les fonctionnaires, les négociants passagers et les officiers de la marine marchande mobilisés pour amener le *Chevert* en rade de Port-Sandwich. Par ce traité, les chefs canaques demandaient la protection de la Compagnie Calédonienne des Nouvelles-Hébrides et celle de la France pour leurs tribus. Ils s'engageaient, en revanche, à protéger les agents de la Compagnie établis dans leurs parages ainsi que tous nos nationaux et à respecter les lois françaises.

Procès-verbal de l'acte fut aussitôt rédigé et signé par les chefs de Port-Sandwich, les officiers présents et les passagers du *Ne-Oblie*.

M. Higginson remplaça ensuite le costume très primitif du grand chef Néam Baugéré par un pantalon et une veste d'uniforme, lui boucla autour de la taille un sabre d'ordonnance orné d'une dragonne aux couleurs françaises, et l'on but quelques coupes de champagne en l'honneur de l'alliance qui venait d'être sanctionnée, et qui nous assurait la prépondérance sur cette admirable baie.

Quelques heures après, un autre chef appelé Tambou, de la tribu de Baugaou, demandait à voir M. Higginson.

Battu tout récemment par ses ennemis, et ayant appris ce qui venait de se passer, Tambou venait de son propre mouvement solliciter la faveur d'être admis dans l'alliance. Les journaux de Nouméa s'occupèrent beaucoup de l'expédition de Port-Sandwich et de ses conséquences.

Le *Néo-Calédonien* écrivit : « L'influence française dans l'Archipel, grâce à l'excursion de M. Higginson et des amis qui l'accompagnaient, a fait, en quelques heures, dans la journée du 10 novembre, un pas énorme en avant ; sous peine de rétrograder et d'en faire deux en arrière, il appartient au gouvernement d'agir à son tour, après l'initiative privée... »

Le gouvernement ne pouvait intervenir ; mais, après ce coup vraiment génial, les Anglo-Australiens se tinrent pour battus... sur le terrain des faits.

Quelque temps après, en effet, la S. S. I. S. (*South Sea Islands Society*) abandonnait à la C. C. N. H., pour une somme de 150.000 francs, payés comptant, tous les terrains qu'elle possédait dans les Nouvelles-Hébrides.

Mais le vaincu n'est vraiment vaincu que lorsqu'il cesse tout à fait de lutter, et il fallut faire face de nouveau aux Anglo-Australiens sur un autre terrain. Comme d'usage, ce fut l'avant-garde des missionnaires qui se chargea d'attaquer. Ils ne demandèrent rien moins à Lord Derby, secrétaire d'État aux Colonies, que le protectorat effectif de l'Angleterre pour assurer une sécurité complète aux habitants des Nouvelles-Hébrides, de nouveau troublées par les méfaits des recruteurs. Notre gouvernement eut l'occasion d'échanger quelques notes avec le Cabinet anglais. Elles le renseignèrent exactement sur les conséquences des fautes passées, et le contact devint plus irritant avec l'opinion publique australienne. Elle semblait prendre ombrage de tout, même de la façon de concevoir l'administration pénitentiaire en Nouvelle-Calédonie.

Le bruit ayant couru que le trop-plein des récidivistes allait être expédié aux Nouvelles-Hébrides, un député se leva dans le Parlement de Victoria pour réclamer « la renonciation à une mesure qui aurait des résultats aussi désastreux pour toute l'Australie que pour les Nouvelles-Hébrides elles-mêmes ».

Tous les gouvernements australasiens envoyèrent leur adhésion au vœu émis par le Parlement de Victoria, dont le premier ministre annonçait à son agent général à Londres que les colonies australiennes étaient disposées à payer les dépenses qu'exigerait la prise de possession des Nouvelles-Hébrides.

Le résultat fut un nouvel échange de notes diplomatiques qui confirmèrent qu'on devait s'en tenir de part et d'autre à l'arrangement de 1878.

Cet échec n'était pas fait pour calmer les ardents lutteurs que sont les missionnaires presbytériens. On continua donc, à Melbourne, à faire harceler le gouvernement de la métropole au sujet des criminels évadés du bagne néo-calédonien.

En conséquence, le 18 mars 1885, le Cabinet de Londres invita le gouvernement français à conclure avec lui « un accord tendant à ce que, aussi bien dans l'intérêt des colonies australiennes que pour le maintien de la paix et du bon ordre dans le Pacifique, la Nouvelle-Calédonie ne soit pas choisie comme lieu de relégation, en vertu de la loi sur les récidivistes ». (Note remise par Lord Lyons, ambassadeur d'Angleterre à Paris, à M. de Freycinet, ministre des Affaires étrangères)[1].

----

1. Livre jaune précité.

A la suite de cette note, on convint qu'en échange des Nouvelles-Hébrides, l'Angleterre accepterait la cession de l'île Rapa. Ce marché fut soumis à notre Conseil d'amirauté. Les hauts fonctionnaires de la marine considérèrent l'affaire comme désavantageuse, puisque, au fond, elle équivalait à la perte de tout l'archipel de la Société. On chercha alors, et on crut avoir trouvé un moyen de conciliation en soudant la question des Nouvelles-Hébrides à celles des îles Sous-le-Vent et de Terre-Neuve, au sujet desquelles des négociations étaient pendantes depuis 1879[1].

Malheureusement, le Cabinet britannique ne put entrer complètement dans nos vues. Le Parlement de Terre-Neuve se refusait à ratifier la convention ; et lorsque les négociations furent reprises de nouveau, Lord Salisbury avait cédé sa place au Foreign Office à Lord Rosebery, qui se déroba à toute entente, sous le prétexte non fondé que Lord Derby s'était engagé à ne pas modifier le *statu quo* en Océanie sans consul ter les colonies australiennes.

Celles-ci s'attendaient, cependant, d'un moment à l'autre, à l'annexion ; et la presse locale en avait fait son deuil. « L'opinion publique, notait le *Sydney Mor-*

1. Livre jaune, n°s 4 à 12.

Les Nouvelles-Hébrides.   4

ning Herald du 24 mars 1886, consent à admettre
l'annexion sous réserves que la France n'enverra pas
de récidivistes aux Nouvelles-Hébrides. Nous devons
reconnaître que, tôt ou tard, elle était inévitable. »

On juge de la joie ressentie dans les milieux australiens attachés aux presbytériens, le 30 avril 1886,
lorsque Lord Rosebery fit savoir à notre gouvernement
qu'aucune entente n'était possible sur les bases pro-
posées.

Naturellement, les colons des deux nations
souffraient sur place de tous ces tiraillements diplomatiques. Beaucoup de planteurs et de négociants
avaient maintenant des relations fréquentes avec les
indigènes. Les conflits d'intérêts restaient sans solution ; la sécurité des personnes et des biens devenait
de plus en plus précaire.

Le Livre jaune donne une liste des personnes assas-
sinées par les sauvages de 1882 à 1886 : plus de
20 victimes, dont un certain nombre appartenant au
personnel de la Cie Calédonienne. La situation
n'était plus tenable. Deux nouveaux crimes ayant été
commis, l'envoi d'un détachement de troupes coloniales fut décidé. Il quitta Nouméa les 30 et 31 mai ;
une partie, sous les ordres du lieutenant de vaisseau
Legrand, occupa Port-Havannah (Vaté) ; l'autre, sous

la direction du capitaine Polliart, forte de 200 fantas-
sins et de 60 artilleurs, débarqua à Port-Sandwich
(Mallicolo). Cet acte d'énergie tardive enthousiasma
les Néo-Calédoniens. Réuni en cession extraordinaire,
leur Conseil général émit le vœu d'une annexion définitive et sans conditions des Nouvelles-Hébrides.

L'apparition de nos soldats fit naturellement bon-
dir les missionnaires presbytériens d'une autre façon.
Leur doyen, le Rev. Paton, adressa incontinent une
vigoureuse protestation au gouvernement de la colonie de Victoria. La démonstration était maladroite et
hors de propos, puisqu'on ne pouvait songer à une
telle conquête après la confirmation officielle donnée
en juillet 1883 à l'accord de 1878 ; sans compter que
le cabinet Rosebery venait de refuser nettement de
laisser toute liberté d'action à la France en Mélanésie.

Le Cabinet Freycinet n'ayant fait à ce sujet aucune
restriction, il fallut trouver le moyen de réparer cette
nouvelle erreur. Grâce au retour inopiné aux affaires
de Lord Salisbury, on y arriva trop facilement par un
arrangement qui, dans la pratique, n'a donné que des
preuves d'impuissance et d'absurdité.

En 1888, après la rentrée des troupes en Nouvelle-
Calédonie, une milice indigène fut formée pour pro-

téger Mr. Giraud, géomètre chargé de délimiter les terrains des colons et ceux de la C. F. N. H. Composée de Canaques des Loyalty, ce corps de police privée fut bientôt réduit à sa plus simple expression par la fièvre, à laquelle les indigènes de Calédonie n'offrent aucune résistance à cause de leurs dispositions à l'ivrognerie, et cette tentative ne tarda pas à être abandonnée par M. Higginson.

On prit d'autres dispositions, il le fallait bien ; car, si mal protégés par les gouvernements métropolitains, il ne restait aux intéressés qu'à consolider eux-mêmes leurs situations respectives. De là une nouvelle lutte d'influence, plus âpre que jamais et s'étendant des initiatives privées et concurrentes aux deux groupes d'autorités instituées par le condominium du 16 novembre 1887[1].

La commission mixte. — L'action de la commission navale mixte a été encore jugée plus durement du côté des Anglo-Australiens que de celui des Franco-Calédoniens.

Inapte à prévenir les conflits et les troubles sanglants, elle s'est montrée au cours de ces dix-huit années d'exercice également incapable de les réprimer.

1. Voyez Annexe III.

Jamais prompte, souvent défectueuse, son intervention fut rarement efficace. Du reste, de tous temps, les officiers de marine ne firent qu'à contre-cœur le métier d'agents de police, que leur imposent les règlements établis par les soins des deux gouvernements.

« Le fait de bombarder des massifs de cocotiers en réponse aux excès des Canaques ne pouvait être pour eux un titre de gloire suffisant pour racheter les ennuis de leurs travaux inutiles et obscurs [1]. » De sorte que, pour se délivrer d'une mission qui les mobilisait huit mois sur douze dans les îles, les marins prêchaient l'abandon de l'archipel aux Australiens, et les Anglais préconisaient sa cession à la France.

L'organisation administrative. — Pour obvier à l'impuissance notoire de cette commission mixte, il fallait trouver quelque chose. Et le gouvernement anglais élabora un système général de protection, à la fois souple et pratique, applicable à tous les sujets anglais résidant ou ayant des intérêts dans tous pays ne possédant pas un gouvernement capable d'assurer entièrement la charge de rendre la justice (*Foreign jurisdiction Act of 1890*).

---

1. DAVILLÉ. *La colonisation française aux Nouvelles-Hébrides*, p. 102-103.

Dès 1888, le gouvernement britannique avait envoyé à Port-Vila un fonctionnaire ayant les prérogatives des consuls. Cette nomination souleva des protestations ; mais l'Angleterre ne le retira qu'en 1890, désormais renseignée sur la marche à suivre au point de vue de ses intérêts dans l'archipel. Deux ans plus tard, son gouvernement publiait un code administratif spécial, de 146 articles, comprenant 113 règles de procédure et un grand nombre de formules et de modèles d'actes, exempt de toutes les lacunes et des timidités des réglementations similaires françaises[1]. Cette ordonnance connue sous le nom de *Pacific Order in Council* étendait considérablement les pouvoirs du Haut Commissaire et lui permettait de déléguer une partie de son autorité à un commissaire judiciaire (*Judicial Commissioner*) ou à un ou plusieurs commissaires adjoints (*Deputy Commissioner*), ce qui permit de satisfaire aux plus grosses des réclamations des colons anglais concernant la protection de leurs biens et de leurs personnes : la constatation légale de leur état civil et de la solution des différends importants.

Toutefois, c'est en 1902 seulement qu'un nouveau

1. V. l'intéressante étude juridique de M. N. Politis, *passim.*

résident anglais, le *captain* Rason, a été désigné pour servir aux Nouvelles-Hébrides en qualité de *Deputy commissioner*.

Suggestionné par l'exemple magistral de l'Angleterre, notre gouvernement se décida enfin à s'occuper sérieusement des Français des Nouvelles-Hébrides. Il était temps! car, d'après les termes mêmes du rapport présenté aux Chambres au nom de la Commission permanente des colonies par M. Étienne, le 15 juin 1900, l'état des choses régnant dans l'archipel à cette époque obligeait nos ressortissants à « chercher refuge auprès des institutions d'une autre nation » ! Le Parlement vota alors *de plano* les propositions du ministre, qui devinrent la *Loi du 30 juillet 1900*. Un décret daté du 28 février 1901 a complété cette loi, et les pouvoirs du gouverneur de la Nouvelle-Calédonie, nommé Commissaire général de la République dans le Pacifique, ont été mis en harmonie avec ceux du *High Commissioner* des Fidji.

A partir de 1902, notre Commissaire général eut également un Commissaire délégué dans l'archipel.

Cependant, les nouvelles dispositions diffèrent de celles prises par l'Angleterre en ceci : qu'elles se bornent à assurer à nos nationaux une protection prompte et efficace, tandis que tout en restant dans la limite des engagements, l'Angleterre a su prendre d'autres mesures susceptibles d'étendre son influence et de préparer sa domination sur les territoires où il y a des intérêts anglais.

On s'aperçut bien vite, en haut lieu, que la réglementation française présentait non seulement le grand défaut de ne pas contribuer à l'extension de notre influence dans les Nouvelles-Hébrides, mais encore celui de ne pas établir une protection suffisante dans la plupart des cas les plus intéressants.

La disparition soudaine de M. Higginson est venue, en outre, compliquer une situation déjà inextricable en apparence.

Les convoitises australiennes se sont ravivées subitement devant le vide laissé par la mort du tenace promoteur de l'action française aux Nouvelles-Hébrides.

« Le pied-à-terre des Nouvelles-Hébrides est nécessaire aux Anglais à cause de la position stratégique des îles par rapport aux routes commerciales ; et il tire une nouvelle importance du fait du futur canal de Panama [1]. »

D'un autre côté, avec une autorité beaucoup plus

1. *Sydney Daily Telegraph*, édit. 30 nov. 1905.

redoutable, sir Charles Dilke vient de proclamer que nos revendications si légitimes sur les Nouvelles-Hébrides sont « une prétention agressive contre l'Australie et une infraction à l'entente cordiale » !

Mais toute cette polémique ne signifie pas grand' chose, au fond, devant les faits ; et c'est bien ce qu'a compris l'homme éminent auquel Higginson empruntait le meilleur de sa force. Nous voulons parler de de M. Émile Mercet, dont l'intervention rapide et énergique a conjuré la catastrophe que rendait possible la disparition du champion attitré des Nouvelles-Hébrides.

Il n'est pas douteux que le gouvernement actuel de la République ne soit prêt à racheter toutes les erreurs du passé en prêtant à M. Émile Mercet le plus large concours pour la réussite de l'œuvre à laquelle il se dévoue, sans souci des sacrifices de toute sorte qu'il n'a pas hésité à s'imposer dès l'instant qu'un intérêt absolument national lui a paru en péril.

Le désistement du Président du Comptoir national d'Escompte en cette affaire aurait fait sombrer une Société dont l'existence est la base et la sauvegarde même du développement de l'influence française dans l'archipel mélanésien. L'acquisition *éventuelle* par des tierces puissances de la plus grande partie de son avoir, pouvait en résulter.

Or, il ne faut pas oublier que les terrains acquis légalement par la S. F. N. H. comprennent les trois cinquièmes de la superficie totale des îles. De plus, ils commandent les meilleurs ports ou points stratégiques et commerciaux. C'en eût donc été fait alors à jamais de nos espérances patriotiques ; et les trente années d'efforts déployés aux Nouvelles-Hébrides par nos admirables compatriotes de là-bas eussent été fatalement perdues pour le pays par le fait de cette dissolution si heureusement conjurée par M. Émile Mercet. Nous voulons espérer que le gouvernement saura reconnaître les grands services rendus à son pays par M. Mercet, sous la forme qui agréera le mieux à ce grand homme de bien : ne pas abandonner la cause de la plus grande France.

Pour bien comprendre combien cette crainte de voir apparaître dans les îles de nouveaux éléments étrangers est fondée, il suffit de suivre les savantes déductions juridiques, de M. Nicolas Politis. D'après ce jurisconsulte [1], « il n'y a aucune raison qui empêche un État d'établir une autorité nationale là où il n'y a pas de gouvernement régulier... Ce droit appartient à tous les États sur leurs ressortissants

1. *Op. cit.*, p. 38 et 62.

qui résideraient aux Nouvelles-Hébrides. Rien n'em-
pêcherait par exemple l'Allemagne d'y installer une
autorité nationale, chargée de juger les litiges entre
Allemands [1]. »

L'arrivée de nouveaux maîtres, quels qu'ils puissent
être, serait donc pleine de graves dangers.

Mais, à ce point de vue, l'entente cordiale semble
décidément avoir éloigné la contingence de ce péril.
D'autre part, la convention conclue à Londres en
février 1906 par la mission Saint-Germain, assistée
du Haut Commissaire du Pacifique, M. Picanon, vient
de régler la question si irritante des terrains contestés et la juridiction sur les Canaques. Les dispositions
prises d'un commun accord promettent au moins un
peu plus de sécurité à ceux qui se consacrent ou
vont se consacrer au développement des richesses de
l'archipel néo-hébridais.

1. Rappelons que, déjà, l'Allemagne n'a pas hésité, dans le temps,
à envoyer son stationnaire des Samoa, l'*Albatros*, bombarder
quelques villages des îles Hébrides, à la suite du meurtre d'un de
ses sujets par les sauvages.

De plus, en 1903, les Allemands de Samoa ont manifesté l'intention de protester contre l'installation de nos compatriotes sur la
côte ouest de l'île Epi. La Compagnie à laquelle ils appartiennent
prétend aussi être le propriétaire de la Pointe Observation, dans
Port-Sandwich, c'est-à-dire du seul terrain propice à l'organisation
d'un vaste établissement maritime.

Malheureusement, les améliorations qui doivent découler de l'arrangement du 27 février 1906 auraient pour nous l'inconvénient de consolider le *statu quo ante* en ce qui concerne les droits des deux pays. Il est probable que, si le gouvernement anglais n'avait obéi qu'à sa seule inspiration, il n'aurait fait aucune difficulté pour reconnaître la supériorité des nôtres et nous laisser le champ libre. Mais le Foreign Office doit de plus en plus compter avec la Fédération australienne et le gouvernement de la Nouvelle-Zélande, qui, devant l'irrésolution de notre politique en Océanie, renouvellent la prétention de rattacher les Nouvelles-Hébrides, comme l'archipel des Fidji, au groupe des colonies australiennes. De là un état d'esprit qui se traduit à l'heure actuelle par une opposition très vive des Australasiens à l'arrangement du 27 février. On en est même à se demander si l'Angleterre pourra, en présence de cette opposition, maintenir sa signature au bas du projet de la convention Saint-Germain[1].

Si cette éventualité venait à se réaliser, on ne pourrait évidemment que le regretter pour nos compatriotes néo-hébridais de même, d'ailleurs, que pour

1. *Quinzaine Coloniale* du 7 avril 1906.

les sujets anglais fixés dans l'archipel, qui per-
draient ainsi le bénéfice d'institutions susceptibles
de leur donner plus de sécurité. Mais, il est certain
que l'intérêt national, considéré d'un point de vue
supérieur, n'en recevrait aucune atteinte, bien au contraire! car nous avons tout avantage à réserver
l'avenir et à ne pas créer, au profit de l'Angleterre,
des droits nouveaux comme on a eu le grand tort de
le faire il y a vingt ans. Toutes les autorités coloniales au courant de la question des Nouvelles-
Hébrides s'accordent à reconnaître qu'aujourd'hui,
plus encore qu'en 1887, l'expectative nous est certainement plus profitable que ces arrangements avec
l'Angleterre, qui limitent nos justes prétentions et
enchaînent chaque fois davantage notre liberté d'action.

Quoi qu'il en soit, dans la lutte récemment entreprise parallèlement aux intrigues confessionnelles par
les Anglo-Australiens pour pouvoir invoquer à leur
profit l'axiome de Charles Dilke : « Là où sont les
intérêts, là doit être la domination », les événements sont allés jusqu'ici à l'encontre des espoirs
rivaux.

Malgré la faillite de la Compagnie Calédonienne et
les difficultés éprouvées par la Société Française des

Nouvelles-Hébrides qui lui fit suite, les progrès signalés de 1882 à 1886 subsistèrent et se développèrent même jusqu'à la fin du XIXe siècle d'une façon satisfaisante, grâce à la qualité des colons français qui s'établissaient dans l'archipel.

La Compagnie australienne néo-hébridaise créée en 1884 au capital de 10.000 livres sterling, dont l'intérêt est garanti par la Nouvelle-Galles du Sud, pour contre-balancer les efforts de la S. F. N. H., s'est fondue dans la grande firme Burns, Philp & Co, dans laquelle les missions méthodistes de Victoria possèdent des intérêts considérables. Cette Société est aujourd'hui à l'Australie ce que le Norddeutscher Lloyd de Brême est à l'Allemagne.

Imitant la manœuvre de M. Higginson, Burns, Philp & Co ont tenté d'organiser une émigration australienne sur des terrains acquis par la firme, les missions ou la S. F. N. H. Le mouvement a été soutenu par un nombre respectable de livres sterling et il a été créé une ligne régulière de steamers alimentés au point central par un schooner automobile. Malgré cela, les stations créées ainsi de toutes pièces ont été désertées par les « Pères pèlerins » amenés à grands frais d'Australie, tandis que le chiffre de nos planteurs n'a pas fléchi un instant dans sa progression ascendante.

L'organisation d'une ligne annexe postale par la
Compagnie des Messageries maritimes, inaugurée
sur les instances des colons et de la Société
française des N. H. au commencement de 1904, a
porté une nouvelle et dure atteinte à l'influence australienne dans les îles, car elle l'a touchée en un point
jusqu'ici invulnérable : son hégémonie commerciale.

Au lieu de suivre mensuellement le chemin de
Sydney, maintenant, les produits de nos colons, qui
sont les 8/10 de tous les produits néo-hébridais,
prennent la voie de Nouméa d'où leur valeur revient,
en partie, dans l'archipel sous forme de matériaux de
construction et d'approvisionnements de toutes
espèces, de sorte que les steamers de Burns, Philp &
C° y passent de plus en plus inoccupés. La goélette
à pétrole *Malekula* qui stationnait dans les îles
pour faire la cueillette sur les points que ne pouvaient
visiter les steamers, a dû battre en retraite sur la
Nouvelle-Guinée après quelques mois de lutte avec
le paquebot français, dont l'ardente activité l'a empê-
chée de vivre.

Il est infiniment regrettable qu'aucune mesure n'ait
été édictée officiellement sur-le-champ pour prendre
toute chaude la place abandonnée sur les eaux, comme
plusieurs de nos compatriotes l'ont fait eux-mêmes

en s'installant à terre sur les terrains contestés et délaissés par les Australiens découragés.

Cependant, un service interinsulaire s'impose si nous voulons continuer de franciser les Nouvelles-Hébrides pacifiquement par l'infiltration graduelle de nos nationaux dans toutes les îles. Nous n'avons pas d'autre moyen de reprendre en plein cet archipel que la diplomatie anglo-australienne est en passe de nous arracher. Il faut que nous occupions réellement toutes les îles, et nous ne le pouvons qu'en les reliant les unes aux autres, et tout leur groupe à sa base, la Nouvelle-Calédonie, par des voies de communication régulières, aussi rapides que possible, et complètes.

Grâce à une entente étroite entre la S. F. N. H. et la Compagnie des Messageries maritimes, dont le pavillon a toujours été au premier rang dans nos conquêtes coloniales, en Cochinchine et au Tonkin, comme à Madagascar, ce problème, difficile à réaliser sans le concours de nombreuses bonnes volontés, est sur le point de recevoir une solution pratique.

Cette nouvelle causera une joie profonde dans tout l'archipel; et, des coins les plus reculés des îles, la gratitude de nos pionniers enthousiasmés montera vers leurs bienfaiteurs, M. Émile Mercet, président honoraire de l'Union coloniale, président de la

S. F. N. H., et M. André Lebon, ancien ministre
des Colonies, président de la Compagnie des Messageries maritimes, auxquels tous les Français des Nouvelles-Hébrides seront redevables d'être enfin reliés
définitivement au reste du monde ! Cependant à
l'heure où ces lignes sont écrites, M. Leygues n'a
encore rien décidé, malgré la gravité des circonstances.

DESCRIPTION SOMMAIRE

DES

NOUVELLES-HÉBRIDES

Formation géologique. — La plupart de îles de l'archipel néo-hébridais sont entièrement volcaniques. Certaines sont formées d'agglomérations de coraux, quelques-unes de coraux, les autres de laves.

Trois volcans y sont en activité : à Tanna; à Ambrym et à Lopévi. Cependant, depuis 1883, celui-ci n'a donné lieu à aucune éruption. Leurs convulsions sont fréquentes, et les effets s'en font sentir jusqu'en Nouvelle-Calédonie.

En examinant les sondes, on reconnaît que les Nouvelles-Hébrides forment les sommets d'un plateau sur lequel il y a de 110 à 130 mètres d'eau, et dont la direction est N. N. O.-S. S. E. Une fosse profonde sépare ce chaînon sous-marin de la Nouvelle-Calédonie.

1º GROUPE DU SUD

ANATOM

(19.700 hectares ; 900 habitants).

Cook ne vit que de loin cette île, dont la latitude est néo-calédonienne. Elle est formée de trois montagnes hautes d'environ 800 mètres. Une étroite bande de terre basse, sur laquelle se balancent çà et là quelques touffes de cocotiers, entoure sa base.

Cette frange se prolonge sous l'eau par des récifs de bordure dont quelques blocs détachés se développent parfois jusqu'à deux kilomètres du rivage.

Les tremblements de terre y sont assez forts. En 1875, le 28 mars, les secousses furent accompagnées d'un raz de marée qui emporta deux îlots de sable de plus de 4 mètres de hauteur situés en dedans du récif extérieur. Ils se sont reformés depuis.

Dana prétend que la formation des récifs a commencé alors que le feu volcanique était presque ou tout à fait éteint. D'après ce savant, les zoophytes et les volcans sont les vrais fabricants des terres du Pacifique. Ceux-ci préparent le sol en versant la roche liquide et en bâtissant les sommets. Après une période de tranquillité relative, les zoophytes apparaissent et commencent leur travail, tandis que les terres émergent lentement et se couvrent de verdure.

Quelques plantations ont été faites à Anatom. Cette île a servi de base d'opérations aux premiers missionnaires.

Les naturels ont le même aspect physique que les Canaques des îles Loyalty, d'ailleurs voisines d'à peu près 200 kilomètres. Ils sont peu hospitaliers, sauf ceux du Port-Sud, dont les mœurs se sont quelque peu adoucies au contact des missionnaires. A l'origine on estimait leur nombre à une douzaine de mille ; il y a vingt ans ils n'étaient plus que 2.000, et aujourd'hui le nombre est descendu au-dessous de 1.000. La mission protestante d'Inyang (Port-Sud) est dans un état prospère ; elle a fait de nombreux prosélytes.

ERRONAN ou FUTUNA

(25.000 hectares ; 1.500 habitants).

Découverte par Cook en 1774 à 45 milles au nord d'Anatom. D'Entrecasteaux et Dumont d'Urville

virent aussi Erronan en 1793 et en 1827. Le capitaine
Denham en fit le plan en 1856. Elle apparaît sous la
forme d'un cône tronqué dont le plateau supérieur
n'a que 558 mètres d'altitude. Quoique cette île n'ait
pas plus de 8 à 9 kilomètres de circonférence, un
missionnaire anglais y a établi sa résidence. La côte
est accore dans toutes les directions ; mais la partie
sous le vent est seule abordable. Erronan n'est visitée
que par le yacht des L. M. S. [1]. Son climat est sain,
ce qui explique le nombre relativement grand de ses
habitants, qui sont animés de dispositions plutôt
amicales.

TANNA

(41.000 hectares ; 8.000 habitants).

Découverte également par Cook, cette île a été
retrouvée par d'Entrecasteaux. Elle est essentiellement volcanique et possède sur la côte est un volcan
en activité. Le cratère se trouve à environ 300 mètres
d'altitude. Son cône est presque entièrement formé
par l'accumulation des scories. Les alentours en sont
complètement dénudés. Quoique en activité incessante
depuis de nombreuses années, il ne fournit que très
peu de laves.

1. London Missionary Society.

A la suite d'un tremblement de terre, pendant l'année 1878, un nouveau cratère s'ouvrit près de la baie au soufre. Le mouvement sismique fut suivi d'un violent raz de marée. Une vague de 15 mètres de hauteur vint balayer la pointe est de Port-Résolution et détruire toutes les plantations. En se retirant, la mer laissa les arbrisseaux remplis de poissons. Le mois suivant, une deuxième secousse plus violente encore modifia profondément l'hydrographie de ce port. Un rocher, la Pyramide de 'Cook, se trouva surélevée de 12 mètres. Elle se confond aujourd'hui avec les blocs qui l'entouraient. Au contraire, une haute colline s'est effondrée dans la mer, donnant ainsi naissance à une nouvelle pointe.

En août 1878, la goélette *Renard*, de la station anglaise, fit des sondages frais; mais, quinze jours après l'établissement du plan modifié, un troisième tremblement de terre bouleversait les fonds du port et en soulevait le lit au-dessus de l'eau sur une longueur de 30 mètres du côté ouest.

En 1890, le cratère avait 100 mètres de profondeur. Il était divisé en deux parties par une barrière rocheuse de 30 mètres de haut. Sur un de ses côtés il y avait trois orifices et sur l'autre deux.

Actuellement les matières en fusion y bouillonnent

avec de sourds grondements. De temps en temps une violente explosion lance les scories fondues à une hauteur de 40 à 100 mètres. La plus grande partie ainsi projetée retombe à l'intérieur du cratère.

Dans ces mers tourmentées par un sous-sol continuellement en travail, le navigateur ne doit se fier qu'à moitié aux cartes les plus récentes, et son attention est toujours en éveil, surtout à proximité de terre, où les taches de décoloration sont presque toujours assez sensibles pour lui permettre d'éviter à temps les profondeurs dangereuses.

La soufrière de Tanna est, dit-on, extrêmement riche. Mais les naturels n'ont encore permis à aucune société de l'exploiter régulièrement. Une mission anglaise est blottie parmi les arbres au fond de la baie de Ouaïsissi située à 6 milles dans le nord-ouest de Port-Résolution.

Fertile et couverte d'épaisses forêts qui enveloppent des collines s'étageant jusqu'à une hauteur de 90 mètres, Tanna est très riche en cocotiers, en ignames qui y viennent d'une grosseur extraordinaire, en patates, en figues sauvages et en cannes à sucre. On trouvait autrefois dans ces magnifiques forêts du bois de santal en quantité, aussi l'île Tanna est-elle depuis longtemps en relations avec les Européens.

Les baleiniers en avaient fait leur point de relâche. Son havre, Port-Résolution, n'est aujourd'hui fréquenté que par les recruteurs et quelques caboteurs qui viennent y troquer de la poudre, des balles, des fusils et autres objets de traite contre du coprah et des cochons.

D'une taille moyenne, les naturels sont vigoureux et bien constitués. Selon une habitude qui s'est conservée mieux à Tanna que partout ailleurs aux Nouvelles-Hébrides, les tribus du rivage (*men salt water*) sont presque toujours en guerre avec leurs frères de l'intérieur (*men bush*). Par suite de leur caractère belliqueux, les Canaques de Tanna sont parmi les plus dangereux du groupe, car presque tous ont des fusils dont ils se servent très adroitement.

Les côtes sont très poissonneuses; les indigènes possèdent beaucoup de cochons, mais peu de volailles. L'eau douce est rare dans le voisinage de la mer. Un réservoir naturel se trouve derrière le volcan; seulement le ruisseau qui s'en écoule se perd dans la vallée avant que d'atteindre la plage.

ANIWA, NINA ou IMMER
(2.000 hectares).

Petite île découverte par Cook en même temps que

Tanna, qui se trouve à une trentaine de kilomètres
dans le sud-ouest d'Aniwa. La hauteur maxima de
cette terre ne dépasse pas 45 mètres. Terminée au sud
par une petite falaise, elle se prolonge au nord en une
pointe très basse qui s'avance sous l'eau assez loin au
large.

La mission presbytérienne se trouve à Ipaou :
150 naturels sur 200 seraient chrétiens.

Ces insulaires ont des relations fréquentes avec les
gens de Tanna. On peut se procurer chez eux
quelques vivres frais. Les cocotiers sont très nombreux à Aniwa.

ERROMANGO

(11.300 hectares ; 2 à 3.000 habitants).

Un canal de 55 kilomètres sépare cette île de
Tanna. Cook y jeta l'ancre en juillet 1774. Les terres
d'Erromango sont hautes et rocheuses, avec des
récifs frangeants peu dangereux, les brisants tom-
bant à pic par de grands fonds. Toute la côte ouest
est bordée d'une étroite bande de terre basse parsemée de bouquets de cocotiers. Les sommets de l'intérieur sont couverts de forêts luxuriantes.

La baie Polenia, le plus abrité et le plus sûr de ses
mouillages, a 15 kilomètres de large sur 4 à 5 de

large. Le cap des Traîtres la protège contre la mer de l'alizé. C'est là que le canot de la *Resolution* monté par Cook fut attaqué par les sauvages.

On peut encore jeter l'ancre dans la baie Dillon, un ancien mouillage des sandaliers.

Cannibales endurcis, hostiles et traîtres, les Canaques d'Erromango assassinèrent successivement cinq missionnaires, dont le célèbre John Williams (30 novembre 1839).

A force de persévérance, ses successeurs, qui furent d'abord obligés de retourner aux Samoa, sont parvenus à modifier sensiblement le caractère farouche des habitants, exaspéré sans doute par les forfaits des sandaliers.

Les côtes ont un aspect de toute beauté et l'intérieur paraît des plus fertile. Toute la brousse est parsemée de cocotiers.

2° GROUPE CENTRAL

ILE VATÉ ou SANDWICH

(100.400 hectares ; 4.000 habitants).

L'île Vaté ou Sandwich est à un peu plus de 120 kilomètres dans le nord-ouest d'Erromango. Elle a passé longtemps pour la plus belle des Nouvelles-Hébrides. Cook lui donna le nom du premier lord de l'Amirauté, qu'il a assez prodigué pour causer des confusions. Le nom indigène de Vaté semble prévaloir à cause de cette raison.

Les terres de cette île splendide sont d'une hauteur modérée au centre ; elles descendent vers la mer par assises caractéristiques. Ses pointes et caps généralement longs et en forme de coin se projettent en langues frangées pour la plupart de récifs redoutables.

Vaté a environ 130 kilomètres de pourtour. En en faisant la circumnavigation, Cook reconnut et nomma toutes ses annexes et dépendances : Hat, Déception

Naraoumu : Propriété de M. Robert Stuart à Faureville (Ile Vaté).

et Protection, derrière lesquelles il ne soupçonna pas une mer intérieure découverte en 1849 seulement par le capitaine Erskine (qui la nomma, d'après son bâtiment : Port-Havannah) ; Fly, Hinchinbrook ou Vélé, Montague ou Nguna, ou Muna, dont les naturels ont été longtemps traîtres et anthropophages. Ils attaquaient les goélettes et les côtres des recruteurs comme on le fait encore dans les îles du nord.

Les beautés naturelles de Vaté frappent l'œil du marin longtemps avant l'atterrissage, tant les collines sont pittoresques et luxuriantes. Toute la partie en bordure sur Port-Havannah est couverte de riches pâturages, et la S. F. N. H. y entretient un troupeau de bestiaux de belles dimensions qui a compté jusqu'à 300 têtes.

En arrivant du sud, l'admirable indentation qui s'ouvre au nord de la pointe Pango invite le navigateur pour ainsi dire à entrer. A l'autre extrémité de la diagonale se trouve le fameux îlot de Mélé, d'où partirent bien des expéditions meurtrières pour les tribus des côtes voisines.

John Williams visita Vaté pour la première fois en 1848, et il décida tout de suite d'y établir des stations évangéliques. Mais, en 1849, les progrès avaient été si peu sensibles que la situation ne laissait pas d'être

décourageante. On apprit que les naturels de Mélé
avaient conspiré contre la vie des teachers laissés
pour les initier. L'apparition du vaisseau le *Havannah* put seule les sauver. Cette visite eut un résultat si favorable que les gens de Mélé promirent
d'observer désormais le dimanche et d'abandonner
les plus inhumaines de leurs coutumes. A Pango,
l'état d'esprit des indigènes prit une tournure aussi
satisfaisante.

L'amiral Erskine (alors *captain*) trouve les habitants de Vaté supérieurs physiquement à ceux des
autres îles ; il en a donné un aperçu très juste.

« Quoique différant pas mal entre eux, dit-il, ces
gens ont, sauf la couleur noire de leur peau, peu de
points de ressemblance avec les habitants de Tanna.
Leur stature est plus haute, et ils ont des traits assez
réguliers. Beaucoup de nez, chez eux, sont presque
aquilins ; le front est beau ; la barbe d'une longueur
modérée. Comme leurs manières sont plus compo-
sées, leurs vêtements ont plus de décence. Ils consistent en une large ceinture de nattes de 7 et 8
pouces de large, bien façonnées et agrémentées de
raies rouges, blanches et noires ; elle est munie, par
devant, d'une espèce de *maro*. Un grand nombre de
ces sauvages ont le visage, la poitrine et les bras

couverts de dessins. La cloison nasale est souvent percée, de même que les lobes des oreilles, dans le but de les garnir d'ornements. Certains de ces trous atteignent des proportions incroyables. Des coquillages blancs très lourds y sont d'ordinaire suspendus, et leur poids arrive à augmenter graduellement l'orifice de suspension d'une façon hideuse. Autour de leurs bras, et parfois de leurs chevilles, ils portent de magnifiques bracelets faits de petits anneaux entaillés dans des coquillages. La trame de fibres sur laquelle ils les fixent rappelle la cotte de mailles. Ces petits anneaux semblent vouloir imiter les perles. Ils sont enfilés de façon à présenter des rangées de dessins blancs et noirs.

« Les Canaques enserrent fréquemment leurs genoux de jarretières de feuillage vert. Certains portent des cheveux frisés d'une longueur modérée, relevés et colorés au moyen d'un bain prolongé de chaux vive. Une plume de coq agrémente leur chevelure. »

Maintenant, d'une manière générale, le calicot a remplacé les nattes. Des perles en verroterie d'une grande variété se sont substituées aux petits disques naturels si laborieusement polis sur les pierres froides.

En 1849, le tabac était encore *tabou*. Mais depuis

1874, il est devenu un des principaux objets d'échange.
« Les femmes, poursuit le capitaine Erskine, sont
généralement grandes et minces. Leur chevelure
est ras tondue. Parfois leur peau est couverte de
dessins, comme le corps des hommes. Leur habillement ne diffère pas sensiblement, si ce n'est que la
ceinture est plus large et porte, par devant, un tablier
en miniature. Il faut y ajouter le singulier appendice
d'une queue, faite d'herbes, ou d'une natte terminée
par une frange molle d'un pied et demi de long : le
tout est suspendu à la ceinture et tombe presque
jusqu'aux mollets. Les femmes de Vaté sont beaucoup plus fortes et plus hardies que celles des îles du
sud. Elles ne portent jamais de jupons de feuillage.
La poitrine est entièrement découverte. Elles rament
dans les pirogues et grimpent le long des flancs du
vaisseau sans aucune timidité, ce qui n'est pas d'ordinaire le fait des naturels. Il est rare qu'elles portent
des ornements, sauf dans les cartilages du nez, ce
luxe étant presque exclusivement les privilèges des
hommes. »

Comme dans toutes les autres îles, elles ont beaucoup à faire. La polygamie est de règle. Elles ont
l'habitude de détruire les enfants, même avant leur
naissance. Cela doit provenir du travail énorme qui

Pirogue de l'îlot Mélé.

leur est imposé. Les soins à leur donner les empêchent
de s'occuper de leurs plantations, et par suite, les
fraude de nourriture. On ne trouve pas plus de deux
ou trois enfants dans chaque famille. Certaines n'ont
pas le droit d'élever plus d'un enfant. Elles enterrent
parfois les autres tout vivants ; et il en est ainsi des
vieillards, des débiles ou des fous. Toutes ces coutumes expliquent le nombre relativement faible de
la population sur ces belles îles.

Longtemps les naturels de Vaté furent d'invétérés
cannibales. Ils ne reculaient devant rien pour se procurer de la chair humaine. Les marins qui échappaient
aux périls de la mort succombaient sous leurs coups.
Les spoliations des Blancs ont, de plus, provoqué de
sanglantes représailles.

Une fois, les Canaques de Mélé tuèrent dix prisonniers, qui furent mangés sur-le-champ, tandis que
d'autres étaient distribués dans les tribus voisines.
Quelquefois les indigènes mêmes des autres parties de
Vaté subissaient ce terrible sort.

Au cours d'une autre expédition, une tribu qui
vivait sur la presqu'île de Pango surprit un groupe
de vingt-neuf sauvages de la baie Sema (Port-Havannah), assemblés pour faire du commerce. Vingt-deux
furent tués et mangés, sauf un ; naturellement, on
fit profiter de l'aubaine les tribus amies.

*Les Nouvelles-Hébrides.*6

L'art des habitants de Vaté est supérieur à celui
des Canaques du sud. Leurs huttes sont plus grandes
et mieux construites. Leurs pirogues ont des dimensions leur permettant de porter des voiles. Leurs
ornements sont plus beaux, leur intérieur est mieux
meublé.

Voici ce que le capitaine Erskine a noté dans une
hutte de Vaté. « Le toit était entièrement caché par
des paquets suspendus aux chevrons ; six vertèbres
d'épines dorsales de cochons, jusqu'au bout de la
queue, tandis que des douzaines de lunettes de
volailles, d'os d'oiseaux et de poissons mélangés avec
des coquilles de homards, des nageoires de requins
ornaient les murailles ; peut-être même y avait-il
des ossements humains. Il fut impossible de savoir
les raisons de cette coutume. La passion de ces choses
est si grande qu'elle donne lieu à un important commerce, non seulement dans la même tribu, mais avec
les habitants des autres îles. »

Quatre ans après le passage de la *Havannah*,
en 1853, le bateau des Missions trouva près de deux
cent cinquante indigènes rassemblés dans l'église par
le labeur des teachers.

Ils se disaient très désireux d'avoir parmi eux un
missionnaire européen. On leur détacha simplement

trois teachers de Raratonga en 1858 ; et en 1861, le *John Williams* amena à la mission d'Errakor, au sud de l'île, les Rev. Murray et Geddie, qui baptisèrent solennellement dix naturels : huit hommes et deux femmes, convertis par les catéchistes polynésiens.

Les progrès du christianisme furent plus sensibles après cette cérémonie ; aussi, en 1864, le Rev. Morrison, nommé chef de la mission d'Errakor, leur arriva sur le nouveau yacht des missions, le *Dayspring*, pour occuper ce poste important. L'influence du nouveau résident ne tarda pas à s'étendre dans les environs, grâce à une habileté peu commune.

Maîtres des populations situées au sud de Port-Vila, les Presbytériens complétèrent l'investissement de cette position centrale en 1872, en envoyant sur les bords de Port-Havannah le Rev. Mac Donald, gallophobe farouche, resté jusqu'à sa mise à la retraite, en 1905, notre ennemi le plus acharné dans les îles.

Port-Vila. — Dans le sud-est de la vaste baie de Mélé, une indentation se développant principalement N. et S. le goulet franchi, forme le port actuellement le plus fréquenté de l'archipel. Longue de trois kilomètres et demi dans le sens latitudinal, cette baie secondaire n'a que 1.600 m. E. et O. Son entrée est rétrécie par deux récifs frangeants, un sur chaque pointe, ainsi que le champ de mouillage intérieur, limité, en outre, pratiquement, par les grandes profondeurs vers l'axe de la cuvette.

Derrière l'île Vila, située au sud de la passe, on trouve un bon mouillage ; et c'est le seul endroit où les navires puissent tenir avec des vents forts du large. Au delà, se trouve l'îlot Irriki ou Léliki, qui sépare le port sud en deux parties, dont la plus abritée est malheureusement rendue impraticable aux grands navires à cause des récifs construits par les zoophytes autour de Léliki. Lorsque Port-Vila sera devenu un plus grand centre, en faisant sauter le seuil de corail allant de la pointe nord de l'îlot vers la grande terre, on pourra aménager là un bassin où de nombreux navires pourront se trouver à l'abri du vent et de la mer par temps de cyclone.

Actuellement le mouillage commercial est en face des constructions de Franceville. Il ne comporte qu'un petit nombre de navires, et les opérations de chalandage y sont vite difficiles avec des vents de la partie ouest. Ces mauvaises conditions sont rares heureusement.

Les vapeurs doivent jeter l'ancre par des fonds de 27 à 33 mètres, à 5 ou 600 mètres de la plage.

Franceville. Habitation de M. Chevillard.

C'est à Mélé et à Franceville que nos compatriotes sont le plus fortement installés. Cela dit, en somme, l'impuissance de l'œuvre presbytérienne, devant le labeur positif de ceux qui sont partis à la conquête du sol même.

La S. F. N. H. a fait construire dans l'axe du port une petite jetée en pierre munie d'un chemin de fer Decauville pour faciliter la manipulation des marchandises. Elle possède sur ce point de vastes propriétés et des immeubles importants : stores ; magasins, usine à décortiquer le café ; hangars, maisons d'habitation.

Les 9/10es des terrains en bordure sur la baie où se développe Franceville sont la propriété de la S. F. N. H. et du doyen des colons français, M. Chevillard.

Depuis le mois de juillet 1904, les colons des Nouvelles-Hébrides sont en communication directe avec Nouméa et l'Australie par un paquebot annexe de la Compagnie des Messageries. Cette ligne régulière et postale, subventionnée par la Nouvelle-Calédonie, a déjà contribué grandement à l'extension de notre influence et de notre commerce. Elle dessert également les îles d'Epi, Mallicolo et d'Espiritu Santo.

D'autre part, l'installation définitive à Franceville

dès services administratifs a donné lieu à d'importantes constructions officielles, comprenant l'hôtel du
Commissaire délégué ; un palais de Justice de paix,
flanqué d'une prison pour les indigènes ; plus, l'habitation du greffier.

Enhardis par cette affirmation d'une protection
enfin efficiente, les particuliers ont commencé de
leur côté à bâtir, de sorte qu'avant peu Franceville
sera plus qu'une expression géographique : une petite
ville essentiellement française.

« On ne peut pas faire un pas à Vila sans constater
combien la cité est en train de devenir complètement
française. Il y a à peine quelques années, ce *settlement*,
qui était plein d'Anglais et d'Australiens, paraît vrai-
semblablement destiné à devenir un des centres
commerciaux les plus importants du Pacifique. En
1878, il n'y avait pas un Français dans les îles. Maintenant, on n'entend guère parler que français dans
les rues. Les planteurs et les commerçants, minces
et bruns, avec de fortes moustaches, et leurs femmes
et leurs filles, pâles, mais élégamment habillées, sont
indubitablement Français. Dans la boulangerie, le
pain démesurément long est français ; les grandes
bouteilles de Bordeaux léger plantées sur la table
ainsi que l'encadrement des fenêtres n'ont aucune
parenté avec la pinte de bière et les châssis anglais.

Seuls les magasins offrent quelques signes visibles de rivalité. La toujours verte « B. P.'S » (*Burns, Philp & C°*) avec son magasin, ses bureaux et son débarcadère indépendants, est tout aussi remarquable que l'établissement français. et semble lui envoyer un sourire de défi du sein de ses solides bâtiments. Et cela est possible, car, pour l'étranger débarquant de la lointaine Angleterre, les choses apparaissent comme si la France et Burns, Philp se disputaient poliment la propriété des Nouvelles-Hébrides, plutôt que la France et l'Australie [1].

Fidèle à la tradition nationale, qui fut toujours de s'embusquer dans les îles, le *Deputy Commissioner*, représentant l'Angleterre aux Nouvelles-Hébrides, a fait construire sa résidence et les bureaux de sa chancellerie sur l'îlot Irriki, propriété achetée légalement aux chefs Canaques de Vila par le capitaine de frégate Marin d'Arbel.

L'immeuble officiel de l'Angleterre est à peine visible au bord du plateau nord de cet îlot, au contraire des établissements de la France, tous en façade au centre du port, à la suite des bâtiments édifiés préa-

---

1. *Life in the New Hebrides* (by our special commissioner, Miss Beatrice GRIMSHAW), *Sydney Morning Herald*, 25th november 1905.

lablement par la S. F. N. H. et nos missionnaires : église, école et hôpital.

Ce n'est donc que tout récemment que nos compatriotes ont cessé d'être abandonnés complètement à eux-mêmes. Toutes leurs pétitions étaient restées sans effet jusqu'à la nomination du Gouverneur de la Nouvelle-Calédonie et dépendances comme Commissaire général de la République dans le Pacifique.

Non seulement il n'existait parmi eux aucune autorité pour réprimer les crimes ou délits dont ils pouvaient avoir à souffrir, trancher leurs difficultés d'une façon équitable, constater leur état civil. Ils n'avaient, en effet, aucun moyen de faire enregistrer dans leurs familles les mariages, les naissances, les décès. Cela les mettait en réalité hors la loi, dans l'impossibilité de contracter une union régulière et d'avoir *légalement* des enfants, même naturels !

Ceux qui naissaient dans l'Archipel étaient bien *naturels* ; mais leur filiation ne pouvait être établie ni par un acte de reconnaissance, impossible à rédiger officiellement, ni prouvée par témoins vis-à-vis du père, puisque la recherche de la paternité est interdite ! (Art. 340 C. C.).

Cette situation pleine d'inconvénients d'une portée très grave induisit les colons français à suppléer par leurs propres moyens à la protection que le gouvernement de leur pays natal ne pouvait ou ne désirait point leur accorder.

S'étant alors groupés et assemblés pour examiner leurs intérêts sociaux, ils décidèrent d'élire un certain nombre d'entre eux pour les investir de tous les pouvoirs administratifs et judiciaires nécessaires à l'existence d'une collectivité humaine ; et, en souvenir de la mère patrie, ils décidèrent d'appeler le noyau de leur future cité, Franceville.

L'espèce de conseil municipal sorti de leur sein entra en fonction le 9 août 1889, et nomma un maire, M. Chevillard.

Le premier soin de cette assemblée curieuse et probablement unique en son genre fut de créer des registres de l'état civil, de constituer un tribunal et d'ordonner, comme travail d'intérêt public, la construction d'une route au bord de la mer (aujourd'hui la rue du Commerce).

Il convient de rappeler que, l'année précédente, l'Angleterre avait envoyé à ses nationaux M. de Romilly, fonctionnaire muni des pouvoirs appropriés à une situation semblable du clan anglais.

Après avoir combattu cette nomination comme incorrecte au point de vue particulier des Nouvelles-

Hébrides, la France ne pouvait, paraît-il, tolérer l'existence de l'autorité spontanée organisée par ses ressortissants. Aussi, dès que l'événement fut rapporté officiellement, le gouvernement envoya de Paris au capitaine de frégate Bigaud, alors président de la Commission mixte, l'ordre de dissoudre l'assemblée municipale.

A proprement parler, il y eut là abus de pouvoir ; car, dans l'état actuel du Droit international, aucun principe juridique ne saurait être invoqué pour justifier la décision du gouvernement français.

En effet, la municipalité de Franceville aurait très bien pu subsister en tant que groupement indépendant et souverain.

L'État de Liberia s'est constitué pareillement à la suite d'un groupement privé. Plus près de nous, le Congo indépendant est sorti d'une genèse analogue.

Mais l'initiative des Néo-Hébridais s'exerçait sur une région trop vitale pour mériter la tolérance dont jouirent les membres fondateurs de l'Association anti-esclavagiste de Washington en 1822 et ceux de l'Association internationale du Congo en 1876, et ils durent céder à l'intimation des deux États en arrêt sur leurs îles.

Cependant, loin de se mettre en rébellion contre la

En rade de Mélé-Faureville. Colons se rendant à bord du paquebot.

pression décourageante de la mère patrie, les planteurs français cherchèrent une autre façon de remédier aux ennuis provenant de leur inorganisation. Mais, ce ne fut qu'en 1895 qu'ils purent constituer un tribunal arbitral dont la mission devait être de juger les différends qu'on voudrait bien lui soumettre.

Malheureusement, l'humanité moderne est encore loin du point d'évolution où l'institution des gendarmes deviendra un rouage superflu dans toute agglomération sociale, si petite qu'elle soit. De sorte que, les sanctions de ce tribunal n'ayant qu'une valeur morale, son impuissance à rendre pratiquement la justice fut rapidement démontrée.

Il ne restait plus à nos compatriotes d'autre alternative que de se faire naturaliser Anglais pour profiter des avantages assurés à leurs rivaux par les *Pacific Orders in Council* ou d'attendre patiemment que la France voulût bien à la fin prendre en considération leurs doléances.

La loi du 3 août 1900, et le décret du 25 mars 1901 par lequel elle a été complétée, n'accorde encore qu'une protection insuffisante, ce qui mit cette fois tout le monde en état d'infériorité vis-à-vis du clan anglais, depuis le Commissaire général jusqu'au dernier des coprahmakers.

Néanmoins, dès que le décret fut promulgué, les colons de Vaté s'empressèrent d'essayer de tirer tout le parti possible de ces nouvelles dispositions, en organisant une commission municipale, désormais légale, composée de cinq membres.

Les autres centres suivirent cet exemple.

Ensuite, après s'être assurés du concours de leurs compatriotes fixés en Nouvelle-Calédonie, les Français des Nouvelles-Hébrides, dont le sentiment national s'était exacerbé au lieu de s'affaiblir dans cette lutte incroyable contre l'indifférence ou la timidité de nos hommes de gouvernement, décidèrent d'en appeler solennellement aux représentants de la nation à Paris. En conséquence, dans une pétition très explicite, signée par 84 d'entre eux et 500 colons de la Nouvelle-Calédonie, ils exposèrent toute la question des Nouvelles-Hébrides, en même temps que leurs doléances [1].

Bien que cela fût contraire à leurs intérêts matériels, ils demandaient ardemment, comme conclusion, que les îles devinssent colonies françaises, se résignant d'avance au remplacement de la liberté des échanges par des tarifs douaniers, au parasitisme administratif

____

1. V. Annexe IV.

et aux taxes considérables qui ne manqueraient pas
d'en résulter.

Renvoyée à la Commission des Affaires extérieures
et des Colonies pour examen, la pétition du 29 janvier 1903 donna lieu à un rapport de M. Louis Brunet,
approuvé par les 32 membres de cette Commission,
au nombre desquels se trouvaient MM. Étienne,
François Deloncle, Francis de Pressensé, Rouanet,
d'Estournelles, Paul Deschanel, Gerville-Réache et
Paul Doumer.

Ce rapport abondait dans le sens de la pétition, et
invitait le gouvernement « à prendre les mesures nécessaires pour donner au protectorat effectif que nous
exerçons aux Nouvelles-Hébrides une consécration
définitive et conforme aux droits de la France ainsi
qu'à la jurisprudence internationale ».

Cependant, ce vœu, comme tant d'autres, devait
rester lettre morte, et le *modus vivendi* de 1887 continue d'arrêter l'essor de la colonisation dans les îles,
et d'être une source de conflits de plus en plus irri-
tants.

L'accord franco-anglais du 8 avril 1904 a laissé de
nouveau pendante la solution de cette affaire où nous
avons, en fait, tous les droits pour nous. Cet accord
prévoit bien la législation qui permettra aux colons

des deux pays de faire dûment enregistrer leurs titres
de propriétés. Mais on ne se berce pas d'illusions aux
Nouvelles-Hébrides sur ce nouveau palliatif qui, dans
la pratique, laissera rapidement la nouvelle commission instituée par l'*entente cordiale* dans une situation
aussi fausse que la fameuse Commission mixte.

Aide-toi le ciel t'aidera, dit la sagesse des nations.
C'est de cet adage que semblent s'inspirer là-bas
nos vaillants compatriotes. Et ils ne cessent de pro-
longer le bon combat. Laissant de nouveau au gouvernement le temps de la réflexion et le crédit des
délais indispensables aux conversations diplomatiques,
ils se sont remis à s'occuper de leurs intérêts immé-
diats et matériels dès qu'ils ont pu se grouper autour
d'un chef capable d'assurer une cohésion qui leur
avait manqué dans cette direction jusqu'à ces derniers
temps.

Soutenant d'une façon concrète et dirigeant à l'occasion leurs efforts par l'intermédiaire de son Délégué,
le Commissaire général a encouragé par une petite
subvention leur idée nouvelle de se former en syndicat pour échapper aux intermédiaires onéreux qui
n'avaient pas manqué de surgir pour exploiter leur
isolement.

Depuis le commencement de 1905, le syndicat des

colons de Vaté fonctionne au mieux des intérêts de
tous. Le centre d'Epi n'a pas tardé à suivre cet
exemple, et on peut compter que les bienfaits de cette
association s'étendra prochainement à toutes les autres
îles habitées par des Français. Le jour où, transfor-
mée en société coopérative, cette organisation s'affir-
mera définitivement, la prépondérance des intérêts
français dans l'Archipel sera démontrée d'une manière
éclatante. Maîtresse de la situation économique et
commerciale, la France devrait le devenir sans coup
férir de la situation politique. Le moment, en effet,
serait venu d'invoquer en notre faveur l'irrésistible
principe énoncé par sir Charles Dilke : « Là où sont
les intérêts, là doit être la domination. »

Le dernier recensement montre que l'élément français s'accroît d'une façon constante par infiltration,
c'est-à-dire le plus sûrement du monde [1]. Malgré
l'appui du Commonwealth et des Missions presbytériennes, nos rivaux progressent à rebours.

La base australienne est trop loin, et l'état moral
des citoyens de ce pays est tel que nos compatriotes
n'ont rien à craindre de leurs entreprises en tant
qu'agriculteurs. Tout Australien sérieux, muni de

1. Voir **Annexe VIII**,

capitaux même modestes, a beaucoup mieux à faire sur les terres fédérales, encore si peu peuplées, que de venir s'exiler sur des territoires dont le régime social semble devoir rester encore longtemps mal défini.

Quant aux recrues drainées à coups de réclames alléchantes, les piteux résultats de la tentative organisée avec le concours du ministère Barthou ont prouvé, une fois pour toutes, que la propriété aux Nouvelles-Hébrides ne peut appartenir qu'aux hommes sains, capables de suivre une hygiène sévère pour résister aux fatigues des débuts, et doués, en outre, de la volonté de réussir sans jamais se laisser décourager par la longueur relative de l'attente.

Actuellement, les travaux d'utilité publique accomplis dans l'île Vaté se bornent à la construction de quelques voies de communication entre les centres situés autour de Mélé ou Faureville, de Port-Vila ou Franceville. Leur entretien donne beaucoup de mal aux colons, vu la puissance de la végétation et la crue subite des rivières en temps d'hivernage. De ce fait les passerelles primitives jetées par les habitants d'une rive à l'autre sont souvent détériorées ou même emportées à la mer.

Au cours de son dernier voyage, M. le Commissaire

Opérations commerciales à Faureville, baie de Mélé (I. Vaté).

général Picanon fut frappé des difficultés que les colons habitant la grande plaine de Mélé éprouvaient pour le transport de leurs produits à la Pointe Félix-Faure, où vient les prendre le paquebot. Jusqu'ici les routes étaient entretenues par les propriétaires qui les utilisent, au moyen de prestations en journées d'engagés. Mais, pour les ponts, il faut de l'argent ; et il n'est jamais facile à récueillir. Pour remédier à ce fâcheux état de choses, M. Picanon invita les colons à faire un emprunt de 10.000 francs, destiné à construire les ponts indispensables ; et, afin de faciliter cet emprunt, il offrit de le garantir sur le budget spécial des Nouvelles-Hébrides. Tous les colons de Faureville se réunirent sous la présidence du Commissaire délégué le 6 mars 1905, pour gager l'emprunt et en assurer le remboursement en cinq annuités, en frappant d'une taxe extraordinaire leurs produits.

Grâce à la bienveillance de l'Administration néocalédonienne, les travaux seront exécutés avec l'outillage des Ponts et Chaussées. Les matériaux étant livrés au prix coûtant par la Direction des travaux publics à Nouméa, il sera aisé ainsi de construire solidement trois ponts principaux sans dépasser ce modeste crédit. On doit à la maison Ballande, de Nouméa, qui a déjà fait beaucoup pour les Nouvelles-

BIBLIOTHÈQUE NATIONALE — IMPRIMÉS

Hébrides, d'avoir pu obtenir les fonds immédiatement, à de bonnes conditions.

L'entrée de la rade de Vila est assez délicate, à cause des deux récifs qui rétrécissent la passe à droite et à gauche. Pour faciliter la tâche des marins, par les soins de notre premier Commissaire délégué, M. le Dr Faraut, des amers ont été établis dans l'axe du goulet. La nuit, ils sont indiqués par deux feux qui, bien qu'insuffisants, faute d'argent, ont déjà rendu de grands services à la navigation. Les Anglais s'étaient contentés de construire deux bornes pour l'entrée de jour, l'une au pied de l'île Irriki, l'autre près du store de Burns, Philp C°.

Outre les stores, hangars, habitations appartenant à la S. F. N. H., à la maison Ballande, à la firme australienne susnommée, aux Frères Kerr, de Sydney, on trouve maintenant à Franceville une boulangerie, deux hôtels, un photographe, un maraîcher. La boucherie fait encore défaut ; aussi, à part les légumes, qui viennent magnifiquement, les volailles et le poisson, très abondants, le colon est-il obligé de recourir encore largement aux conserves alimentaires. On ne peut guère abattre qu'un bœuf par semaine, et il faut que les colons s'entendent pour le consommer d'un jour à l'autre. La viande de mouton est un luxe moins rare, maintenant que les communications avec l'Australie sont plus rapides, grâce au service des Messageries Maritimes.

L'industrie maritime a fait son apparition à Port-Vila, comme c'était logique dans un pays où la mer joue un si grand rôle. Des charpentiers de marine sont en mesure de réparer la flottille importante de commerce et de recrutement qui circule dans les îles. De plus, le trafic suscité par l'organisation du service français sur Nouméa et Sydney a amené les colons à créer tout un matériel flottant qui compte des chalands de 30 à 50 tonnes fort bien construits.

On parle maintenant de l'installation d'une glacière. Cette innovation est attendue avec autant d'impatience par le médecin de l'hôpital, le très estimé et dévoué docteur Amigues, que par le public; car faute d'un morceau de glace il est parfois impossible de soulager les souffrances des malades victimes soit d'insolation, soit d'accès graves de fièvre contractés, le plus souvent, par imprudence.

Dans l'île Vaté, comme dans toutes les autres îles, du reste, si on excepte les missionnaires et leurs familles, les Anglais sont clairsemés. En revanche, on y compte plus de 30 familles françaises, très attachées à leur patrie d'adoption. La plupart vivent dans une grande aisance ; quelques-unes sont déjà riches. Les revenus de 10.000 francs sont la règle ; plusieurs dépassent 50.000 francs [1]. « Jamais, dans aucune autre colonie, m'ont-ils confié successivement, nous n'aurions été rétribués de nos peines dans les mêmes proportions. »

Avant le développement des services maritimes australiens sur les Fidji et le Queensland, la culture des bananes était d'un excellent rapport aux Nouvelles-Hébrides. Un des principaux planteurs, M. Chevillard, en expédia en une seule année pour plus de 45.000 francs. L'abondance de ce produit l'obligea à poser, entre ses plantations et le wharf d'embarquement, une voie Decauville qui existe encore.

Faute de moyens réguliers de communication, les colons ont dû subitement renoncer à cette source de profit, et les plantations de bananiers ont été réduites à leur plus simple expression jusqu'à l'arrivée du paquebot français. Cependant, ce trafic ne reprendra pas tout de suite l'importance qu'il eut à l'époque que nous venons d'évoquer. Depuis, les colonies australiennes se sont constituées en Commonwealth, et un tarif protecteur est venu rendre les échanges avec

1. V. *Le Tour du Monde*, 15 avril 1905.

Sydney pratiquement impossibles. Les résidents sujets britanniques s'en plaignent encore plus amèrement que les Français. Néanmoins, les bananes néo-hébridaises sont tellement estimées sur le marché australien qu'un jour, lorsque les producteurs auront trouvé le moyen de ne plus être volés par les intermédiaires, ce commerce renaîtra sûrement. Il est susceptible d'un beau développement, le marché australien pouvant absorber de 50 à 75.000 régimes par mois, suivant la saison.

La Nouvelle-Calédonie en a reçu 6.000 régimes en 1904 et quelques centaines de plus seulement en 1905.

Le port du chef-lieu s'est étonnamment garni d'embarcations de toutes sortes en deux ans : baleinières, chaloupes et chalands, embarcations automobiles, côtres et goélettes de troc et de recrutement. En un mot, aussi bien sur mer que sur terre, de l'aveu même des Anglais sincères, comme Miss B. Grimshaw, le voyageur a l'impression qu'il contemple ici la fondation d'une cité pleine d'avenir et essentiellement française. Et si l'histoire avait quelque souci de la justice, elle consacrerait avant peu d'une façon définitive son nom de Franceville.

*
* *

Port-Havannah n'a pas eu la même fortune que Port-Vila. Ce port a la forme d'un long boyau, dans lequel les grands navires peuvent accéder par deux entrées, et les embarcations par trois. La cuvette en est trop profonde, et il n'existe que deux mouillages praticables, ceux des baies de Matapou et de Sema. Encore faut-il aller très près de terre pour trouver des fonds de 27 à 33 mètres.

La S. F. N. H. y possède un beau magasin avec appartements pour loger son agent.

On a tenté d'y faire de l'élevage sur une grande échelle à cause des beaux pâturages qui bordent la baie. Malheureusement cette station n'a pas été l'objet de plus de soins que tant d'autres. Sa production est presque nulle, et si le paquebot la visite, ce n'est sans doute que pour des raisons politiques. Rappelons que c'est sur le Port-Havannah qu'a vécu pendant trente-trois ans le fameux missionnaire gallophobe Mac Donald, dont les agissements ont toujours réussi à décourager les Français qui ont tenté de s'installer dans son voisinage. Tous les agents de la S. F. N. H. ont eu maille à partir avec lui. Un de ces conflits vint devant la Commission mixte, qui se prononça contre le trop ardent zélateur du Royaume-Uni. Voici quelle fut la réponse que donna le maître de la pointe White Sand à l'officier anglais chargé de lui communiquer le jugement du tribunal mixte :

— « Peut-être avez-vous raison au point de vue de la loi humaine, mais j'ai la loi de Dieu pour moi, et vous pouvez dire à votre commandant que je ne tiendrai aucun compte du jugement. »

La culture du coton était l'objectif des émigrants qui avaient planté leurs tentes autour de Port-Havannah. Ils comptaient monter une machine à vapeur pour presser les balles. L'idée n'a pu être soutenue, mais il n'est pas douteux qu'elle sera reprise plus tard, comme aussi l'élevage, et que ces deux industries ajouteront un jour aux richesses foncières de l'Archipel.

Deux grands villages canaques sont installés l'un au sud de l'île Protection, l'autre au nord de l'île Déception.

*
* *

Les îles *Fly*, *Hinchinbrook* ou *Vélé*, *Nguna* ou *Muna* sont des dépendances de *Vaté*.

Hinchinbrook et Nguna sont seules habitées. Les

naturels se livraient encore fréquemment à l'anthropophagie il y a quelques années. Pourtant un petit nombre d'Européens n'ont pas craint d'y aller créer des plantations, et leurs caféeries sont en pleine prospérité.

*
* *

Les îles des *Deux-Monts*, *Monument*, des *Trois-Monts* ou de *Mai*, et *Shepherd* sont échelonnées presque nord et sud dans le canal de 100 kilomètres qui sépare l'île Vaté de la belle île d'Epi. N'offrant que peu de ressources au point de vue eau douce et alimentaire, la plupart sont peu ou pas habitées. Naturellement elles sont soumises à l'influence des teachers presbytériens.

Découverte par Cook en 1774, Mai (500 habitants), avec ses trois pics de 560, 440 et 425 mètres de hauteur, a les contours les plus réguliers et ses flancs sont parfaitement cultivés. Elle ne possède aucune eau courante, mais on peut s'y procurer des cochons, de la volaille et des ignames.

Tanoa, ou d'après les documents anglais *Tongoa* (1.000 habitants), est la plus importante du groupe des *Shepherd*, ainsi nommées par le découvreur d'après le nom d'un de ses amis, professeur d'astronomie à l'Université de Cambridge. Un missionnaire méthodiste y a sa résidence. Les mouillages n'y sont sûrs que par beau temps. D'après une tradition, les Canaques racontent qu'un tremblement de terre, suivi d'un cataclysme, aurait séparé les îles Shepherd de l'île Épi à une époque que les missionnaires pensent devoir remonter à deux cent cinquante ou trois cents ans. L'aspect géologique permet d'accorder foi à cette légende.

Au nord-est de la pointe Tanoa, il existe une petite plaine d'une dizaine d'hectares dont le sol brûlant laisse échapper des vapeurs. Les naturels y creusent des trous dans lesquels ils réussissent à cuire leurs aliments. Cette plaine est entourée d'une luxuriante végétation de cocotiers, de palmiers et d'autres plantes.

En juin 1897, un banc volcanique en état d'éruption et situé à fleur d'eau dans le nord de Tanoa, lança des pierres brûlantes et de la fumée pendant une période de trois semaines.

En mai 1906, les naturels de Tongoa ont signalé au S.-E. d'Epi l'apparition d'un volcan sous-marin à la suite de tremblements de terre concordants avec la catastrophe de San Francisco.

EPI ou TASIKO

(63.700 hectares ; 5.000 habitants).

Découverte par Cook en 1774, Epi n'a pas moins de 25 milles de longueur du nord-ouest au sud-est et de 6 à 10 milles de largeur.

Elle est de constitution très volcanique (Epi veut dire le feu en langue malaise). Trois sommets principaux la dominent. Leur altitude respective est de 853, 700 et 550 mètres. Le plus élevé est au milieu, et les deux autres à l'est et au nord-ouest.

Le sol y est très fertile et excessivement boisé. Les cocotiers y abondent à l'état de nature, et de vastes plantations y ont été créées. C'est la base agricole la plus importante des colons français après Vaté.

Les propriétés de nos compatriotes sont échelonnées sous le vent de l'île à partir de la baie Diamond au sud, jusqu'en face la petite île de La Menu, située près de la pointe nord d'Epi. L'île de La Menu ou Lamen n'a qu'un demi-mille de longueur. Elle est plate et basse, excepté vers la pointe sud, où on rencontre une masse de corail soulevé atteignant 60 mètres de hauteur. L'île est partout épaissement boisée. Les tribus qui l'habitent sont d'une race tout à fait différente de celle qui a peuplé Epi. Malheureusement les indigènes de La Menu dégénèrent rapidement depuis qu'elle est sous l'influence des missionnaires presbytériens. L'habitation du Rev. Fraser se trouve sur la côte est.

Chaque jour, le chenal d'un kilomètre et demi compris entre cet îlot et la pointe nord d'Epi est animé par les pirogues des sauvages se rendant sur la grande terre ou en revenant : toutes leurs cultures les appellent quotidiennement à Epi. Toutes les plantations d'Epi sont en bonne voie, et quelques-uns des excellents Français établis là sont en passe de réaliser de beaux revenus.

Dans le courant de 1905, à l'imitation de ceux de Vaté, les colons d'Epi se sont constitués en syndicat.

La S. F. N. H. possède, au mouillage central de Ringdove, une agence sans signification. C'est cependant là que le paquebot s'arrête pour effectuer ses opérations commerciales et postales. Sa régularité a une grande importance, attendu que certains colons sont obligés de faire plus de douze heures de voyage pour venir prendre livraison de leur courrier et de leurs approvisionnements. C'est une fatigue supplémentaire dont ils se passeraient bien, et une perte de temps qui peut être facilement doublée ou triplée en cas de retard du paquebot. Mais ceux des îles non desservies sont encore plus à plaindre. Tous espèrent que le gouvernement prendra leur situation en considération et se décidera bientôt à adjoindre au paquebot direct de Nouméa un bâtiment de moindre importance, dont la mission sera de relier toutes les îles secondaires entre elles et avec les points desservis par le courrier des Messageries Maritimes.

A Epi, l'émulation des colons français et anglais a été longtemps envenimée par les manœuvres haineuses d'un autre Mac Donald : le Rev. Fraser. Sa mise à la retraite au commencement de 1905 a apporté une détente salutaire qui complète à point les heureux effets de l'*entente cordiale*. Le *Presbyterian Messenger* de févier 1905 a donné de Mgr Fraser une interview dont nous tirons les lignes suivantes : « Il y a vingt-trois ans que je me suis fixé à Epi comme missionnaire de l'église Tasmanienne. Les naturels étaient alors de simples cannibales. Quand j'y arrivai, la population était environ de 8.000 ; aujourd'hui elle est descendue à 5.000 habitants.

« Cette dépopulation est principalement due aux épidémies : influenza (lire tuberculose), dysenterie, typhoïde malariale. L'an dernier plus de 300 de mes fidèles sont morts de cette dernière maladie. La phtisie frappe aussi bien les vieux que les jeunes.

« Le recrutement non plus n'est pas étranger à la disparition de la population. De même les boissons alcooliques. Le gin, hélas ! est de toutes les fêtes. C'est un commerce très lucratif pour les trafiquants.

« Les Français ne sont pas particulièrement agressifs à l'heure actuelle. Ils s'efforcent incessamment d'acquérir de nouveaux terrains. Ils ont trois splendides édifices dans une situation remarquable sur le port de Vila. L'Angleterre a un meilleur site dans l'île Irriki ; mais nos constructions ne valent pas celles de la France.

« L'anglais est la principale langue dans le commerce, et il en sera ainsi toujours. »

L'île d'Epi est une des plus riches et des plus belles du groupe. Elle gît entre 16°35 et 16°50 de latitude sud. En 1851 des teachers y furent déposés par le « John Williams ». Ils trouvèrent les sauvages plus doux que leurs compatriotes des îles du sud. Ces Canaques allaient généralement sans armes et usaient beaucoup moins des peintures. Les hommes portent le maro et les femmes une ceinture de nattes d'environ 12 pouces de large autour des reins. Les deux sexes ont les cheveux courts. Les popinées sont honteuses et très timides[1]. » Le recrutement a fait beaucoup plus pour changer les mœurs de ces sauvages que l'instruction biblique. Les engagés revenaient des Fidji, du Queensland et de Nouvelle-Calédonie avec des notions et des habitudes dont s'imprégnaient lentement leurs concitoyens, auxquels les marchandises rapportées des grands stores européens donnaient d'ailleurs le désir d'aller acquérir de pareils trésors. « Quelques-uns certes s'engagent, dit le Rev. Fraser, parce qu'ils ont commis quelque délit; mais une foule ne s'expatrie que par curiosité. Ils reviennent méilleurs qu'ils ne sont partis grâce aux écoles canaques du Queensland. Un certain nombre rapportent d'assez jolies sommes. L'un d'eux a débarqué avec 100 £ (2.500 fr.). Il a créé une plantation et emploie des engagés. Ses affaires marchent très bien. » Cet exemple se généralisera certainement et l'expulsion des Canaques d'Australie, qui doit prendre fin en 1906, retentira ainsi avantageusement sur le développement économique des Nouvelles-Hébrides en y réintégrant des forces en mesure d'accoutumer au travail, plus facilement que les Européens ne peuvent le faire, les travailleurs indigènes qui n'ont jamais quitté leurs tribus.

1. Murray's, *Missions W. Polynesia.*

ILE LOPEVI

(2.230 hectares ; 100 habitants).

L'île Lopevi est située à environ 5 milles dans le
nord-est de l'île Epi. C'est un imposant cône volcanique de près de 1.500 mètres de hauteur. Il paraît
inactif depuis une vingtaine d'années. Ses flancs sont
couverts de casuarinas jusqu'à une altitude d'environ
900 mètres, excepté sur les faces nord-est et sud-
ouest, où un étroit lit de laves descend jusqu'à la
mer.

Par exception, la partie sous-marine ne présente
aucune colonie madréporique. La côte est partout
accore et absolument dépourvue de mouillage : à moins
d'une longueur de navire du rivage il n'a jamais été
trouvé moins de 55 mètres. Faute de pouvoir jeter
l'ancre, l'île est restée presque inexplorée et aucun
Blanc n'a encore pu atteindre le sommet de ce cône
parfait, qui se termine par un cratère. D'après les
sauvages, cette ascension pourrait être faite aisément
en un jour par le côté sud ; à mi-route il se trouverait, dit-on, un petit lac d'eau douce.

Le sommet de Lopevi est presque toujours enve-
loppé de nuages ; mais lorsque par hasard l'atmo-
sphère est pure, il ajoute au décor un motif majes-
tueux.

Il n'y a guère qu'une centaine d'habitants sur cette
île, et encore tous n'y vivent pas d'une façon permanente. A cause de la difficulté d'aborder, les navires
de guerre n'y peuvent séjourner, et les navires trafiquants ne s'y arrêtent que bien rarement.

ILE PAU-UMA (PAAMA ou RUPIA)

(1.480 hectares; 1.000 habitants).

Située à 3 milles dans l'ouest de Lopevi et à 5 d'Epi,
la belle île de Pau-Uma paraît être entièrement volcanique. Elle a près de 10 kilomètres de longueur et
34 de largeur. Son sol vierge est couvert d'une végétation intense. La côte ouest est assez peuplée. Les
naturels soignent admirablement leur cultures, établies
dans de grands défrichements disposés à flanc de
collines et très visibles de la mer. A chaque empla-
cement, ils ne demandent qu'une récolte. Les nouvelles clôtures sont établies rapidement, et bientôt
on distingue, par endroits, les champs de culture
séparés par des haies épaisses.

La corvette anglaise le « Dart » venait fréquemment mouiller devant une plage connue sous le nom
de *Hole in the Wall* (trou dans la muraille) pendant
la mission hydrographique qu'elle accomplit dans
l'archipel en 1893.

Atterrissage (I. Ambrym).

Lors de sa première visite, les naturels se montrèrent défiants et même menaçants. Mais ils se rassurèrent rapidement, et ils furent toujours par la suite très amicaux. Néanmoins, il convient d'être très prudent quand on désire avoir des rapports avec eux. Ils ont attaqué plusieurs fois les embarcations des navires de trafic. A côté de cela, un Français et son équipage canaque, naufragés pendant un ouragan en 1893, furent recueillis et traités avec beaucoup de bonté par ces sauvages. On dit qu'ils ont fort mauvaise réputation parmi les indigènes des îles voisines.

Pau-Uma est très riche en cocotiers, et on y voit une magnifique propriété animée par de nombreux bestiaux.

ILE AMBRYM

(64.600 hectares ; 3.000 habitants).

Découverte par Bougainville en 1768, Cook la releva en 1774. Un canal de 6 milles la sépare de Paama, et elle est à 17 milles d'Epi. Sa forme est à peu près celle d'un triangle dont la base est et ouest a 22 milles et l'apothème nord et sud 17 milles. Vue du large, son aspect est imposant. Deux cratères s'ouvrent sur un plateau ayant 1.060 mètres d'altitude. L'un d'eux seulement est en activité. La nuit il pro-

duit une très grande lueur qui se voit à plus de
100 kilomètres par temps clair. Le volcan gronde et
entre en éruption de temps en temps. Il inspire une
frayeur très grande aux indigènes, dont les villages
ont été plusieurs fois dévastés par la lave. Parfois la
pluie de cendres qui s'en échappe est si épaisse qu'elle
va tomber sur le pont des navires à de très grandes distances en mer. En examinant la position géographique
des volcans néo-hébridais, on reconnaît qu'ils se
déploient pour ainsi dire tous sur une même ligne, en
harmonie avec le système des îles Fidji, ce qui con-
duit à penser que tous ces foyers volcaniques com-
muniquent entre eux.

La direction des oscillations du sol produites par
les tremblements de terre varie selon le point de
départ du mouvement sismique : Tanna, Ambrym,
Lopevi ou même les Fidji.

C'est de janvier à mai que les phénomènes sont le
plus fréquents. Ils se produisent sous deux formes :
silencieux ou précédés de grondements souterrains.

Mars surtout est le mois des tremblements de
terre. Cela provient peut-être qu'à cette époque l'état
hygrométrique étant très chargé, les volcans éprouvent
une certaine résistance à chasser les vapeurs d'eau
accumulées au-dessus des cratères au moment où les

éruptions se produisent. La direction générale des oscillations du sol causées par ces phénomènes est nord-est, sud-ouest, rarement sud-nord, quelquefois sud-ouest, nord-est.

D'avril 1897 à avril 1902, on n'a pas ressenti moins de douze violents tremblements dans l'archipel.

Celui du 26 mars 1898 est ainsi rapporté par un colon, M. L. Langlois : « Un grondement souterrain suivi d'un tremblement de terre assez violent s'est produit ce matin vers les 6 h. 50. Je me trouvais à la station d'Epi. La direction des oscillations du sol était est et ouest. Le store de la S. F. N. H., de construction légère, fut violemment secoué. Toutes les marchandises en rayons furent projetées à terre. Au dehors, les cocotiers et les autres arbres oscillaient comme balancés par un fort vent ; au loin, dans la brousse, les indigènes terrifiés étaient sortis de leurs cases en poussant des cris d'effroi ; d'autres soufflaient dans leurs trompes. La station de Santo fut en partie détruite ce jour-là. »

Les montagnes d'Ambrym sont grandioses et le sol y est d'une fertilité inouïe, comme à Tanna. On y trouve une grande variété de fruits. Les cocotiers se voient jusque sur les pentes les plus escarpées. Le Rev. Murray dit qu'il a visité beaucoup d'îles du

Grand Océan, mais que pas une ne surpasse en beauté celle d'Ambrym. Les naturels y sont vigoureux, pleins de santé. Ils portent les cheveux coupés court et ont la curieuse coutume de les peindre en blanc, ce qui ne leur donne par un aspect déplaisant. Ils paraissent facilement irritables, et on ne doit pas les approcher sans précautions. Le *John Williams* y fit escale avec le Dr Geddie et M. Murray en 1861, mais sans pouvoir entrer en contact avec les indigènes. Ce navire revint en 1865 et en 1868. Les sauvages ne voulurent pas le recevoir. Les recruteurs étaient passés et en avaient enlevé plusieurs de vive force, ce qui les avait rendus très défiants. Enfin, le Dr Geddie ayant été reconnu par un chef qu'il avait vu à Anatom, celui-ci rassura ses gens et il marcha vers le village en entourant amicalement le missionnaire de son bras, ce qui montre que les Canaques néo-hébridais peuvent être accessibles au sentiment et à la bonté.

En 1871, le commandant Markham du *Rosario* stationna devant Ambrym. Il essaya de communiquer, mais les sauvages s'assemblèrent au nombre de 2 ou 300 sur le rivage, et comme ils montraient des dispositions plutôt hostiles l'embarcation du *Rosario* dut battre en retraite rapidement. Les recruteurs étaient encore responsables de ce changement d'attitude. Ils

En rade de Rannon (I. Ambrym).

énlevaient souvent des indigènes à l'improviste, et ce fut avec difficulté qu'en 1874 le *Southern Cross* déposa parmi eux le Rev. M. Kenny. Les populations d'Ambrym avaient eu si peur du contact avec les trafiquants qu'ils ignoraient encore l'usage du tabac. Certaines de leurs pirogues, quoique grossièrement construites, peuvent recevoir de 10 à 12 personnes.

Ambrym ne possède pas un port naturel. Le meilleur mouillage est à la pointe Dip, située à l'ouest. On jette l'ancre, qui tient assez bien, dans des sables non volcaniques, par des fonds de 35 à 40 m. tout près de terre. De la rade, on aperçoit une construction de bonne apparence au milieu d'un débroussé où paissent quelques vaches et, derrière, un rideau de beaux arbres. C'est l'hôpital créé par les Anglais en réponse à celui de Port-Vila. Un peu plus loin flotte, sur une maison plus modeste, le pavillon d'un colon français. Il y a plusieurs stations de coprah sur Ambrym. Celle de Rhannon, qui peut faire de 80 à 100.000 francs par an, est la plus importante. Partout, c'est la brousse intense; en dehors de nombreux bouquets de cocotiers on ne voit que les tarodières des indigènes. Parfois une fumée bleue monte lentement entre les arbres. C'est le seul signe visible de leurs villages. On ne sait presque rien des naturels des côtes Sud et Est, aussi doit-on mettre une grande prudence dans les rapports avec la population de ces parties de l'île.

ILE MALLICOLO

(253.900 hectares ; 8 à 10.000 habitants).

Elle fut découverte par Bougainville en 1768, qui se contenta de défiler devant la partie nord. Mais en juillet 1774, Cook, avec la *Résolution*, en fit le tour et vint mouiller à Port-Sandwich. Elle est séparée d'Ambrym par un canal d'environ 10 milles de largeur. Ses montagnes ont généralement une altitude plus petite que celle des îles décrites jusqu'ici. Ses côtes sont très découpées et constellées d'îlots pittoresques et très habités, sans doute à cause de leur salubrité. La coutume d'établir des villages sur les îlots adjacents et les plantations sur la grande terre est générale dans les îles. Les missionnaires anglais ont imité en ceci les insulaires dès le commencement de leur culture évangélique.

Port-Sandwich fut le premier endroit des Nouvelles-Hébrides où Cook crut pouvoir jeter l'ancre. Le célèbre navigateur était toujours anxieux d'entretenir des relations amicales avec les naturels. Ici, un inci-

Ile Mallicolo (Plage de Vao).

dent faillit amener un conflit. L'un d'eux avait voulu monter dans un canot de la *Résolution*. Irrité par le refus, qui avait peut-être été brutal, le sauvage banda son arc et commença de viser la poitrine d'un des matelots. Un de ses camarades l'empêcha de lancer la flèche, qui était certainement empoisonnée. Dès qu'il fut informé de ce fait, Cook alla vers l'avant. Voyant de nouveau le sauvage s'apprêter à lancer sa flèche, il attira son attention. Alors, détournant l'arc de la poitrine du marin, l'indigène fit face au capitaine. Cook, qui portait à la main un mousquet faiblement chargé, tira sur l'indigène. Celui-ci ne fit que chanceler. Aussitôt après le choc, il reprit vivement son attitude menaçante. Un deuxième coup lui enleva l'arc des mains. Alors, chacun se mit à déguerpir dans les pirogues avec toute la vitesse possible. Les flèches volèrent bientôt à bord d'une autre direction. Un troisième coup de mousquet tiré en l'air ne produisit aucun effet, ce que voyant, Cook commanda de lancer un boulet de 4 livres au-dessus de la tête des Canaques. Le bruit du canon les fit s'enfuir dans la plus grande confusion. Malgré cet ennui, Cook débarqua sur le rivage en présence de 4 ou 500 sauvages, tous armés d'arcs, de lances et de casse-tête. Ils étaient peints en guerre. Cook alla vers eux sans

rien autre à la main qu'une branche verte. Voyant
cela, un des sauvages, qui paraissait être le chef,
donna son arc et ses flèches à son voisin, et prenant
une branche pareille à celle du courageux découvreur
il marcha à sa rencontre. Les branches furent échangées. Le chef canaque accompagna Cook vers la foule,
à laquelle des cadeaux furent distribués. Pendant
tout ce temps, la compagnie de débarquement s'était
tenue sur le rivage, prête à agir le cas échéant. Personne ne broncha parmi les noirs, et le capitaine de
la *Résolution* ayant fait comprendre au chef qu'il
avait besoin de bois, on lui permit tout de suite d'en
faire couper autant qu'il en voulut.

Les sauvages n'attribuèrent alors aucune valeur aux
objets de fer qui leur avaient été donnés. Ils offrirent
des flèches en échange de quelques pièces d'étoffe,
dont ils comprirent sans peine l'utilité. Au contraire
des gens de Tanna, ils furent remarquablement hon-
nêtes dans leurs transactions et très anxieux de remplir
toutes leurs obligations. L'un d'eux poursuivit longtemps les hommes de la *Résolution* pour livrer un
article qui avait été acheté. Il persistait à ne vouloir
le remettre qu'entre les propres mains de celui auquel il l'avait vendu. Ayant fini par le trouver, il le lui
donna et ne voulut rien recevoir de ce qui lui

était offert en échange, se contentant de ce qu'on
lui avait donné auparavant. Cook trouva ces sauvages
les plus laids et les plus mal proportionnés de tous
ceux qu'il avait connus en Océanie. Ils étaient noirs,
petits avec de longues têtes et des figures plates,
une physionomie de singes. Leurs cheveux étaient
courts et blonds comme ceux des nègres qui les déco-
lorent par des bains de chaux vive.

Le navigateur fut surpris de voir que leur langue
ne ressemblait à aucune de celles de la Polynésie
qu'il connaissait. Son naturaliste, Forster, eut de la
peine à rassembler vingt mots ayant quelque affinité
avec d'autres idiomes du Pacifique. Il observa, qu'au
contraire de ceux de Tahiti, les indigènes de Mallicolo
prononçaient facilement l'anglais. Les sauvages
admirèrent beaucoup les chiens, animaux qu'ils
voyaient pour la première fois. Cook leur en laissa
deux, ce qui les ravit énormément. En 1851, Selwyn,
évêque de la Nouvelle-Zélande, visita cette île, et
comme preuve du peu de contact que les naturels de
Mallicolo avaient eu avec les Européens, il rapporta
qu'ils ne savaient même pas ce que voulait dire
Tobacco et *Missionary*, ordinairement les deux premiers mots qui leur sont appris. Ses successeurs,
Patteson en 1853, puis John Williams en 1861,

firent escale à Mallicolo, le premier sans pouvoir entrer en communication avec les sauvages, le second débarqua dans l'Ouest à deux endroits différents. « Les indigènes, dit-il, vinrent en nombre, sans difficulté, jusqu'à bord. Trente pirogues, contenant de sept à huit personnes chacune, avaient entouré le navire. Dans plusieurs il y avait des femmes; l'une avait son enfant sur son sein. Des armes furent échangées contre différentes choses, des présents distribués. Voyant qu'il était impossible de décider les Blancs à descendre à terre et le navire se dirigeant vers une tribu avec laquelle ils étaient peut-être en guerre, les sauvages se dispersèrent. Aucun n'avait témoigné le désir de rester à bord. » Murray pense que les Mallicolos sont en apparence beaucoup plus beaux et bien supérieurs aux naturels des îles du Sud, mais il ne pense pas que l'île soit aussi belle que d'autres plus petites. En 1871, Markham[1] s'y arrêta également. Il trouva d'abord les naturels très féroces et d'une prudence extrême. (Ils connaissaient bien le mot « tobacco » et sans doute avaient-ils payé cette notion fort cher.) Mais dès qu'ils comprirent que le navire de guerre se présentait seulement pour faire des échanges, ils devinrent plus amicaux et se montrèrent très désireux d'avoir de la

1. *Cruise of the Rosario.*

peinture rouge pour s'en maquiller. Les matelots s'a-
musèrent à barioler le visage de quelques-uns de
diverses façons. Tant de puérile docilité et de naïve
confiance donnèrent à penser à Markham que le
recruteur (autre nom pour négrier) n'était pas passé
par là. Il se trompait. Dans un journal de Sydney de
la même époque on lit ceci : « La *Syren* se rendit à
Tanna, et acheta à l'un des grands chefs six Canaques
pour un mousquet et une pièce de calicot rouge. A
Mallicolo l'équipage enleva vingt et un indigènes qui
furent attachés à fond de cale avec les autres. Les
femmes de quelques-uns de ces pauvres sauvages
suivirent la *Syren* à la nage pendant plus de 3 milles.
Elles criaient de toutes leurs forces qu'on leur rende
leur mari. A Bur bur, neuf naturels furent également
capturés après avoir été séduits par des harpes juives,
ce qui inspira au *Punch* de la Nouvelle-Galles du Sud
cette stance :

Still *Syren* singetts	Leave your laughing children
Mid the happy isles	Leave your loving wives
Luring men to ruin	Little it cost you
With her wicked wills.	Little but your lives.

Quelques mois après, le *Carl* était attaqué dans les
mêmes parages. Sa revanche fut vite prise. A la pre-

mière occasion on tira sur les pirogues venues pour
faire des échanges. Presque tous les indigènes effrayés
sautèrent à la mer. Mais les dispositions du *Carl*
étaient bien prises ; ses embarcations se précipitèrent
sur les nageurs dont un bon nombre fut appréhendé
et mis à fond de cale, en attendant d'être vendu. En
1878, le *Dayspring*, des missions presbytériennes,
fait de nouveau quelques observations intéressantes
sur les mœurs des indigènes. Cette même année les
couleurs françaises apparaissaient devant la grande
île, avec le pavillon de l'amiral Dupetit-Thouars qui,
malheureusement, en revint avec des rapports défa-
vorables, auxquels nous devons certainement tous les
désagréments des derniers vingt-cinq ans, puisqu'ils
ont empêché à ce moment le gouvernement français
d'effectuer une prise de possession qui n'aurait alors
rencontré de la part de l'Angleterre aucune opposition sérieuse.

Par son étendue, l'île de Mallicolo occupe le second
rang dans l'archipel. Son aspect n'a guère changé
depuis le passage de Cook, les défrichements des missions et des colons ne faisant qu'une tache, souvent
imperceptible, sous la masse écrasante de la forêt
vierge. Cette impression de royauté végétale est particulièrement saisissante lorsqu'après avoir doublé la

pointe de l'Observatoire on se trouve comme dans un lac au sein de Port-Sandwich.

On y est entouré de collines d'où tombent des cataractes de verdure. Tout semble figé dans l'air immobile et lourd. Des lianes luxuriantes enlacent les plus grands arbres, courent le long des branches jusqu'aux cimes pour retomber librement autour en plis gracieux et légers. Il faut quelque temps pour se dégager de la stupeur où vous jette un tel spectacle. L'homme se sent d'abord faible et misérable devant cette toute-puissance du monde végétal. Sa splendeur efface momentanément en lui tout souvenir des beautés connues. Cependant, cette luxuriance inutile le révolte bientôt et il brûle en quelque sorte de l'attaquer, de la détruire afin de donner à la fertilité inouïe du sol des semences nouvelles à développer, d'où sortiront des récoltes susceptibles de l'enrichir, et grâce auxquelles s'accroîtra un peu le bien-être général des hommes.

Cette réaction s'est déjà traduite d'une façon ostensible sur la rive nord de Port-Sandwich. Ici le plumet du cocotier ne s'érige plus par-ci par-là dans le beau désordre de la forêt sauvage. La main méthodique du Blanc s'est évertuée à l'assembler par armées sur les collines, à l'aligner militairement, en conservant ses distances, et il en est résulté une magnifique pépinière de 15 ou 20.000 pieds à laquelle on ne peut reprocher, au point de vue exploitation, que d'être un peu trop dense. Des bœufs sauvages paissent sous leurs grandes palmes. Lorsque la station a besoin de renouveler sa provision de viande, c'est le win-chester qui fait l'œuvre du boucher.

La S.F.N.H. possède également, en face, sur la pointe de l'Observatoire, des édifices bien entretenus autour desquels pourra se développer une petite ville quand la colonisation attaquera plus sérieusement cette situation unique dans l'Archipel. Sans être difficile, l'entrée du port est rétrécie par deux récifs frangeants qui la rendront toujours délicate à pratiquer de nuit tant qu'on n'y entretiendra pas au moins un feu d'axe. Quelques hauts-fonds sont répandus sur la rive S.-E. le long de la pointe de l'Observatoire. En prenant le mouillage on doit se méfier des bancs d'alluvions formés un peu plus loin par la rivière Erskine. Plusieurs navires s'y sont déjà échoués. Une fois rendu, on ne voit plus la haute mer. Le navire est là en sécurité, autant que dans un port artificiel. Il n'y en a point de plus sûr dans toute la Mélanésie. Un navire de guerre, le d'*Estrées*, y a reçu un cyclone sans chasser sur ses ancres.

Tout au fond de cette magnifique indentation, se

trouve une rivière qui a été explorée par une baleinière du *Segond* jusqu'à 4 milles de son embouchure. Son estuaire est très plat et les embarcations calant très peu d'eau peuvent seules s'y risquer. On ne voit que très peu de pirogues au bord des plages situées sur cette petite mer intérieure.

La mission française de Port-Sandwich ne fait que commencer à transformer les mœurs des naturels de cette région. On n'est jamais sûr qu'ils ne céderont pas à quelque impulsion sauvage. Un jour, j'étais allé avec la pétrolette du *Pacifique*, vers le fond du port, chercher quelques palmiers. En un clin d'œil, le matelot qui m'accompagnait et moi, nous nous trouvâmes entourés, dans le bois, par six magnifiques sauvages, curieusement barbouillés de rouge et de noir. Ils avaient sans doute été attirés par le teuf teuf du moteur, bruit tout nouveau pour eux. Quelques-uns avaient leur long crâne encore exhaussé par une chevelure ramenée sur le sommet et surmontée de plumets gracieux tirés de queues de coqs. Quand nous les vîmes surgir, presque simultanément et sans le moindre bruit, pour ainsi dire de terre, d'abord énigmatiques, nous sentîmes l'imprudence faite en nous éloignant de notre embarcation. Mais, comme nous sans armes, les sauvages étaient en tenue de fête, et notre

rencontre leur fut une distraction. Chacun voulut porter quelque chose pour nous être utile, et l'un d'eux,
en riant, me prit presque de force dans les mains les
valves d'un assez grand bénitier dont ils avaient abandonné les coquilles sur le rivage après en avoir enlevé
le contenu. " *That big fellow grand Kaï Kaï ! very
good !*" me dit-il en faisant claquer sa langue. Ils avaient
l'estomac tranquille et cela acheva de nous rassurer.
Celui qui savait le plus de bichelamar me demanda la
permission de les laisser s'approcher de la pétrolette, ce
qu'ils firent avec une espèce de crainte superstitieuse.
Ils ouvrirent de grands yeux sur cette machine qui
n'avait ni feu, ni cheminée pour en faire, mais aucune
question ne me fut posée. Ils sont ainsi. Ce n'est que
rentrés dans leurs villages qu'ils commentent toutes
les mystérieuses nouveautés apportées par les Blancs,
et cela sans fin, pendant des semaines et des semaines,
ne se lassant jamais de répéter la même chose. En
fin de compte, ils aidèrent à pousser la chaloupe en
eau profonde, nous firent en se retirant d'amicaux
signes d'adieu, accompagnés de quelques : *Good bye*,
fort bien prononcés, et ils disparurent derrière la feuil-
lée comme par enchantement, de même qu'ils étaient
venus.

Or, quelques mois après, peut-être faute de bénitier

ou d'autre aliment susceptible de distraire aussi
sérieusement l'estomac au cours d'un *sing sing* (fête
dans laquelle ils mangent et dansent beaucoup), deux
étrangers de leur couleur furent également surpris
dans la brousse par d'autres indigènes, dans la tribu
de Lamap très voisine de la mission. En un clin
d'œil ils furent tués, traînés au rivage et vidés
comme un vulgaire gibier [1]. C'étaient deux pauvres
diables des Maskelynes, qui venaient de leurs îles,
situées au sud de Mallicolo, sans doute pour s'engager
ou pour faire du commerce. Une pirogue était là :
les corps y furent chargés pour être emportés par
mer près du village, et ce fut l'occasion d'un grand
sing sing pour les tribus des environs.

Ayant appris ce fait de cannibalisme, les Européens
crurent devoir adresser des reproches aux chefs des
tribus qui y avaient pris part ; mais, en manière
d'excuses, il leur fut répondu qu'on avait seulement
mangé les bras et les jambes. Ce n'était pas une affaire
après tout !

En effet, tout est relatif et on ne peut donner tort
à ces sauvages en songeant que leurs compatriotes de
Vao avaient eu la chance de cuisiner dix-sept Canaques
pendant le mois de septembre 1892 !

1. *Journal des Nouvelles-Hébrides du 1er* août 1905.

Sous le vent de l'île, à peu près à la même hauteur, de Port-Sandwich, on trouve dans la baie dite du S.-O. (South-West Bay) un autre grand mouillage par des fonds de 13 à 22 mètres. Ce port naturel est bien protégé de tous les vents sauf dans un secteur de 135°, de l'Ouest au N.-E. par le Nord. A Port-Sandwich on peut amarrer les navires l'arrière en terre, à moins de 30 mètres de la berge.

A la baie du S.-O., qui se prolonge par un lagon à l'intérieur, on reste encore à environ 1 kilomètre du rivage. Les environs sont également peuplés d'indigènes farouches, qui ont eu à souffrir du fait des recruteurs. Leurs dernières représailles s'exercèrent, le 12 août 1904, sur l'équipage du côtre la *Charolaise*, capitaine Gauthier, et coûtèrent la vie à quatre matelots canaques. Dans le courant de 1905 la compagnie de débarquement de l'aviso la *Meurthe* s'engagea dans la brousse pour s'emparer des coupables. Tombée dans une embuscade, la petite troupe eut un homme tué et un blessé. Fin août, une nouvelle expédition fut décidée pour châtier les sauvages. Ils avaient déjà perdu quelques hommes dans cette rencontre. Les marins du croiseur anglais *Psyché* ont marché ensemble au feu avec les nôtres.

Depuis la guerre de Crimée, Français et Anglais

ne s'étaient pas trouvés en alliés sur le même champ
de bataille. Et pour la première fois en dix-huit ans,
grâce à *l'entente cordiale*, la Commission mixte a pu
tomber d'accord, le 20 octobre, sur la nécessité d'une
répression générale et combinée, afin de rappeler les
naturels au respect des Blancs. En conséquence, une
force de 160 hommes avec des mitrailleuses est
entrée dès le lendemain en opération. Les compagnies
de débarquement ont brûlé ou réduit une douzaine de
villages, détruit leurs plantations, coulé quelques
pirogues, tué une trentaine de sauvages et fait une
cinquantaine de prisonniers sans perdre un seul
homme. C'est le plus important fait d'armes que
l'Histoire ait eu à enregistrer depuis trois siècles en
ces parages. Maintenant les naturels n'oseront pas
traiter de sitôt, il faut l'espérer, la Commission mixte
d'*old woman* (vieille femme), car cette leçon un peu
forte leur a coûté trop cher.

Les autres mouillages de Mallicolo sont très
médiocres. Sur la deuxième moitié de la côte est
s'étend une série de petites îles presque toutes
séparées de la grande terre par des détroits accessibles
aux plus grands navires. Rano, Wala, Atchin, Vao
sont les plus peuplées et possèdent des missions
anglaises et françaises. Les naturels regardent les

baies de sable noir situées en face d'Atchin et à l'ouest
de l'île Wala comme des points de débarquement
dangereux à cause des Bushmen, qui descendent des
terres hautes pour venir y faire de l'eau salée. Pour
aller à la chasse ou faire leurs cultures, les sauvages
possèdent de nombreuses pirogues, assez grandes pour
contenir une cinquantaine de personnes et porter des
voiles de nattes curieusement taillées en ailes de
papillon. Avant l'arrivée des Blancs, ces esquifs ser-
vaient surtout à faire des incursions guerrières sur les
îles voisines. C'est parmi ces populations qu'il serait
le moins difficile aux ethnographes de saisir les
principaux traits des mœurs néo-hébridaises, encore
si peu connues qu'aucun ouvrage vraiment scientifique
n'a pu être publié jusqu'ici.

Le village de Vao est considéré comme la capitale
prototype de cette civilisation primitive. C'est, à ce
point de vue, le coin le plus curieux de l'Archipel.
Déjà, en 1892, des relations amicales existaient entre
les tribus insulaires de Mallicolo. Les gens de Wala et
de Rano étant venus se promener chez ceux de Vao,
plus de 2.500 sauvages se trouvèrent réunis dans ce
qui peut être considéré comme leur capitale. 1.500 pocas
(cochons) furent sacrifiés et dévorés dans les *sing sing*
qui illustrèrent cette mémorable visite.

La partie ouest, depuis la baie du S.-O. est très peu connue. La partie sud, bordée par les dangereuses îles Maskelynes, n'offre d'abri qu'aux petits bâtiments. La biche de mer et les trocas abondent sur tous les récifs de ces parages.

Tandis qu'il commerçait dans ces parages, un des plus anciens colons des Nouvelles-Hébrides, le capitaine Briault, a donné un compte rendu très intéressant d'une exploration qu'il eut l'occasion de faire en 1886, dans cette région encore inconnue aux Blancs. Sa présence à la plage attirait l'attention des tribus guerrières de la brousse. Parfois les Bushmen descendaient de leurs montagnes presque inaccessibles, au nombre de 150 à 200, et s'approchaient, poussés par la curiosité ou pour échanger leurs noix de cocos contre des objets de traite. Ils ne s'avançaient qu'avec défiance, l'arc et la flèche empoisonnée toujours prêts. Ces naturels appartenaient à la race dite des « longues têtes » qu'on ne trouve aux Nouvelles-Hébrides que dans la partie sud de Mallicolo. Leur crâne est allongé en forme de pain de sucre, tandis qu'ils sont jeunes, au moyen d'un bandeau en fibres de cocotier noircies. Ils ont les cheveux crépus et incultes ; leurs reins sont entourés d'une ceinture d'écorce. L'opération de l'allongement du crâne prend plusieurs années. Chose bizarre, ces sauvages pratiquent la circoncision. Cette opération donne lieu à de grandes fêtes, qui ne se renouvellent que tous les trois ou quatre ans dans le même village.

Une autre de leurs coutumes, inusitée dans les autres îles, est de casser aux jeunes filles qui se marient les deux incisives de la mâchoire supérieure. On les achète dès leur enfance, et c'est à elles que sont réservés, de même que dans tout l'Archipel, les travaux les plus pénibles.

Au cours d'une de leurs visites, ayant appris qu'il y avait, dans la montagne, assez loin de la mer, une pierre mystérieuse qui ressemblait au cuivre de sa carabine, le capitaine Briault dressa l'oreille. Qui sait? de l'or peut-être !.... Et son expédition fut décidée. Voilà donc le marin, devenu prospecteur, en route, avec un seul guide, pour l'Eldorado évoqué par les racontars des Bushmen. La marche est dure, dans la forêt tropicale, surtout quand il faut toujours monter. De temps en temps Briault et son guide rencontraient des cases isolées où on leur offrait des cocos pour se rafraîchir. Avant d'atteindre le village où ils devaient coucher, ils marchèrent sur un terrain rouge brun parsemé de roches de grès dont certaines avaient des reflets verdâtres.

L'arrivée d'un Blanc dans un village néo-hébridais produit toujours une vive sensation. Hommes, femmes, vieillards ne tardèrent pas à entourer le capitaine Briault, et, tout en lui tâtant, selon l'habitude, les bras et les jambes, ils se mirent à lui faire de grandes démonstrations d'amitié.

A ses questions, on lui répondit que les fameuses pierres jaunes ne se trouvaient que beaucoup plus loin, dans une région sauvage habitée par une tribu féroce et ennemie des Blancs. Ces renseignements peu encourageants n'arrêtèrent pas l'élan du prospecteur improvisé. Et le lendemain, accompagné de quelques indigènes et de son guide, il se remit en route pour la montagne derrière laquelle est la baie du Sud-Ouest.

Le soir, dans un autre village canaque, même succès de curiosité. Dans la journée du lendemain, Briault défila avec son escorte devant une énorme masse de rochers de couleur noirâtre qu'il reconnut pour être du manganèse. Encore un jour d'efforts, et peut-être toucherait-il aux gisements de la pierre prestigieuse. Mais, à un moment donné, les indigènes refusèrent de pousser plus loin. Ils allaient quitter le territoire de la race des Têtes-longues pour passer sur celui de leurs ennemis les plus acharnés, les Têtes-plates, avec

lesquels ils sont continuellement en guerre d'em-
buscades et de surprises. En outre, de sourds roule-
ments de tam tam retentirent, tantôt lents et espacés,
tantôt courts et précipités. Les naturels qui l'accompagnaient écoutaient d'un air attentif et grave ces
bruits qui avaient quelque chose d'autant plus lugubre
que l'obscurité devenait plus profonde : « Aï Paphau,
le grand chef de Mérivo est mort empoisonné »,
lui dit son guide. Les signaux de cette télégraphie
primitive s'adressaient à toutes les tribus de la région.
Or, chaque fois qu'un grand chef meurt, l'usage exige
que le « sang coule ». Le capitaine Briault ne l'ignorait
pas, et il pensa naturellement que l'espèce de *tabou*
qui lui servait de sauvegarde, son ami Aï Paphau
vivant, s'évanouissant avec sa mort, le laissait tout
désigné comme devant être la victime à sacrifier aux
mânes du défunt. Il ne restait plus qu'à revenir à la
côte, et en se dissimulant le plus possible, sans penser
davantage au mirage qui l'avait entraîné si loin de ses
pénates, dans un hinterland plein de périls. Tous les
Canaques de Mérivo furent étonnés de le voir revenir.
Ils le croyaient mort. Déjà ils purent lui apprendre
que deux Européens venaient d'être massacrés : un
certain Brokey à Lanna et un Allemand à la baie
Ravallec. Depuis plusieurs mois ses articles de traite

et ses vivres étaient épuisés. Briault vivait, dans ce
coin perdu et éloigné de toute civilisation, à la mode
canaque. Il dut assister, le soir même de son retour,
aux cérémonies et rites funèbres célébrés en l'honneur
de Aï Paphau. Un peu de sang coula en son honneur.
Tous ses pocas furent égorgés, et on se partagea ses
femmes. Plus tard la tête d'Aï Paphau fut préparée
et conservée à la mode canaque. Puis, suivant la
coutume de Mallicolo, on dressa son image, sorte de
masque hideux d'aspect et grossier de fabrication,
parmi ceux des autres rois disparus.

3º GROUPE DU NORD

ILE DE LA PENTECOTE ou WHITSUNTIDE

(84.500 hectares ; 1.500 habitants).

Le 22 mai 1768, Bougainville était en vue de l'île Aragha à laquelle il donna le nom de Pentecôte en l'honneur de ce jour. Ce marin français était le premier après Queiros à suivre la route du navigateur espagnol. Il aperçut plusieurs des îles de l'Archipel, mais il ne débarqua pas à Pentecôte. Même après le passage de Cook, six ans plus tard, on ne savait encore rien de cette île, dont l'aspect est des plus verdoyants. Du fond des vallées montent de gigantesques fougères arborescentes dont les panaches extraordinaires dépassent les ramures des plus grands arbres et épanouissent leur étoile de dentelle sur un champ considérable. L'évêque de Nouvelle-Zélande y débarqua en 1857 avec le Rev. Patteson. Les Européens furent bien reçus par les indigènes, qui leur procurèrent de l'eau.

Cette terre est composée d'une chaîne de montagnes
de 600 mètres de hauteur. Les côtes ont en certains
endroits des bordures de récifs s'étendant parfois
jusqu'à un demi-mille au large. Les cultures indigènes
y sont belles. Les pirogues y ont des dimensions res-
pectables. Le plus souvent on aborde Pentecôte par le
côté ouest, abrité de l'alizé. La S.F.N.H. y a une belle
agence à la baie Homo, à peu de distance de la pointe
sud ; le mouillage est bon et facile à atteindre. Le
deuxième point quelquefois visité par les navires de
guerre est Vunmarana, petite baie au nord-ouest de
l'île, au fond de laquelle se trouve une plage de sable
madréporique. Patteson visita souvent cette île ; il y
apprit la langue des indigènes. En 1862 il avait amené
un jeune indigène avec lui ; lorsqu'il revint, en 1865,
les parents ne consentirent pas à ce que leur fils s'en
allât de nouveau, et il ne put en obtenir d'autres assez
peu âgés pour faire de bons élèves teachers. Cependant
les naturels continuaient d'être amicaux. Ce missionnaire resta assis, seul, pendant des heures, parmi
une foule attentive à ses paroles.

En revanche, lorsque le commandant Markham
paraît avec le *Rosario*, tout le peuple s'assemble
sur la plage dans une attitude de guerre, dansant,
gesticulant, de la manière la plus farouche, hurlant

et brandissant des sagaies. Devant cette manifesta-
tion hostile, le marin anglais ne crut pas devoir insis-
ter et il rappela le canot qu'il avait expédié pour
prendre contact.

On n'a pas une idée très exacte du nombre d'habitants que contient Pentecôte. Steel prétend qu'elle
est plus peuplée qu'on ne l'a généralement cru. On
peut s'y procurer des quantités d'ignames et de fruits
tropicaux, mais il faut être très circonspect dans ses
relations avec les sauvages. Il n'y a pas de défrichement en dehors de celui qui entoure l'Agence de la
S.F.N.H. à la baie Homo. L'île est riche en coprah.
Les indigènes l'apportent de l'intérieur au store du
coprahmaker, où ils l'échangent contre de l'argent.
Avec la somme ainsi recueillie, dont ils connaissent
très bien la valeur, ils payent, dans le store, les marchandises dont ils ont besoin : haches, coutellerie,
verroterie, calicot et conserves alimentaires. J'ai rencontré à la baie Homo une troupe d'une dizaine de
sauvages, hommes, femmes et enfants, chargés de
coprah et de cocos frais. Ils voyageaient depuis deux
jours à travers la forêt. Les enfants tenaient à la main
des tubes de bambous destinés à rapporter de l'eau
de mer au village pour assaisonner les aliments.
Quelques-uns n'avaient jamais vu de Blancs, et à

notre approche ils s'effarouchaient du moindre mouvement. Cependant les gens de la côte consentent depuis longtemps déjà à s'engager pour aller travailler chez les colons européens des îles voisines.

ILE AURORE ou MAEWO

(54.700 hectares ; 500 habitants).

Cette île a été découverte par Bougainville en 1774. Située au nord de Pentecôte, dont elle n'est séparée que par un canal d'un peu plus de deux milles, elle en est le prolongement. Les deux chaînes de montagnes, l'une au nord, l'autre au sud, sont séparées par un isthme bas. On peut y trouver un bon abri contre les vents du sud-est qui soufflent parfois avec violence. Les côtes sont en général défendues comme dans toutes les autres îles par des récifs frangeants, dont les pâtés indépendants ne s'étendent jamais bien loin de terre. La face nord de l'île n'a pas deux milles de largeur de l'est à l'ouest. La côte rentre de façon à faire une petite anse au milieu. Une plage blanche de plusieurs centaines de mètres se développe au fond de la baie. Il y a deux autres mouillages sur le côté ouest. Celui de Laka-réré ne peut être que provisoire. Une double chute d'eau située à un kilomètre environ dans les terres se voit en face du mouillage, ainsi que deux plages de sable blanc. Quand on vient du nord, on n'aperçoit que la cascade. Ce point a été fréquenté par les navires de guerre. On peut s'y approvisionner d'eau courante.

Narovo-rovo, l'autre mouillage, est de beaucoup préférable. C'est une baie située sur le côté ouest, à 10 milles dans le sud de Laka-réré et à 10 milles dans l'extrémité sud de l'île, on y trouve également une aiguade.

Aussi bien au nord qu'au sud, les naturels sont défiants et mal disposés pour les Européens. Comme ils se servent de flèches empoisonnées, il faut être très prudent quand on les approche. Leur nombre ne paraît pas très grand. Parfois on les a dit sociables ; mais il est à supposer que cet abandon a dû leur coûter cher ; car, en juillet 1904, ils ont exercé des représailles sur le côtre le *Pétrel*, commandé par un vieux routier des îles, le capitaine Dick Pentecost, sujet anglais, qui s'était fait naturaliser français. Pendant que son équipage opérait à terre, le malheureux Pentecost fut abattu à bout portant par deux sauvages venus à bord soi-disant pour trafiquer. Leurs coups de feu donnèrent le signal du massacre. En un clin d'œil les baleiniers du *Pétrel* furent attaqués sur le rivage par une centaine de naturels peints et armés

en guerre, qui poussaient des cris effroyables. Total
huit victimes. On prétend que le corps de Dick Pentecost aurait été dépecé et mangé solennellement dans
un grand *sing sing*.

Le navires de guerre se seraient emparés des meur-
triers qui ont été condamnés à la déportation.

ILE DES LÉPREUK ou AOBA

(34.400 hectares ; 500 habitants).

Bougainville et Cook virent cette île respective-
ment en 1768 et en 1774. Elle est située à l'ouest
d'Aurore, dont elle est séparée par un passage de
8 milles de largeur, libre de dangers. Cook louvoya
dans ce canal pendant deux jours et une nuit par grande
brise de sud-est. Il y règne parfois de forts courants, ce
qui peut empêcher les voiliers d'arriver à le traverser
de l'ouest à l'est. C'est une île volcanique, dont les
sommets atteignent 1.200 mètres de hauteur. Un
lac s'est formé sur Aoba à la place de l'ancien cratère. Sa forme ovale de 16 milles sur 8 est plus favo-
rablè à la végétation que les îles oblongues de Pentecôte et d'Aurore. Les cocotiers y sont extrêmement
nombreux et y poussent à des altitudes très grandes.
Les plantations des indigènes sont plus considérables
à Aoba que dans les autres îles, ce qui semblerait indi-

quer qu'on est au-dessous de la vérité dans l'appréciation du nombre de ses habitants.

Cette île est généralement fréquentée par la flottille des recruteurs. Leurs mouillages sont Naboutri où il y a un coprahmaker ; Dun-Dui où l'ancre est jetée sur un banc de corail très inégal et fort étroit ; l'accostage est généralement difficile ; Fatou-Combane, supérieur aux précédents, mais dont la plage est presque aussi inhospitalière, et enfin Bice Road ou Longongwa, qui serait, d'après l'expérience des caboteurs, le meilleur mouillage de la côte. La plage de Bice Road est pavée de galets blancs et défendue par des petits pâtés de corail entre lesquels on passe pour accoster.

La côte du vent (E.) est saine ; mais on n'y peut mouiller nulle part et les plages sont la plupart du temps inabordables pour les embarcations à cause du ressac.

Les indigènes d'Aoba sont d'un brun jaune moins foncé que celui des autres îles et d'un type très différent. Les femmes d'Aoba jouissent d'une réputation de beauté méritée au moins du point de vue plastique, car leur stature est superbe. Il est de toute évidence qu'ici le sang maori entre dans une grande proportion. Les cheveux et la barbe sont souvent lisses et teints avec du safran, selon la mode polynésienne.

Les femmes ont souvent le haut du corps couvert de tatouages et leur poitrine est ornée de dessins très simples.

Au contraire, Bougainville était tombé sur une tribu d'hommes petits, mal faits, la plupart rongés de lèpre, chose qui lui fit donner à cette île un nom que le temps n'a pas consacré, car il ne répond nullement à la réalité. Plusieurs colons se sont établis sur cette île où, dès 1884, la S.F.N.H. possédait sept stations de coprah.

Un jeune Calédonien, au bout de quelques mois d'expérience, écrivait en juin 1905 au *Bulletin de Commerce* de Nouméa :

« Quand je suis arrivé dans l'île, plusieurs centaines d'indigènes m'ont dévisagé avec curiosité et avec malveillance. Ils étaient tous armés d'un fusil et entièrement nus. Quand ils ont vu que j'étais parent de la femme du coprah-maker voisin, ils m'ont fait fête et tous me demandaient du tabac. Mais j'ai eu un succès auquel je ne m'attendais pas auprès des dames de la tribu voisine : une quinzaine ont fait faire des démarches pour m'acheter ! Ma parente a adopté un vieux chef qui allait être tué par ses administrés peu reconnaissants : cet acte de pitié l'a fait vénérer de beaucoup d'indigènes. Quand nous partons faire nos marchés de coprah, une vingtaine d'indigènes, avec leurs fusils et la figure peinte en noir et en rouge gardent fidèlement la maîtresse de la maison et la case.

« Comme ça aurait avancé mon établissement, si j'étais arrivé ici avec les quelques centaines de francs que j'ai bêtement gaspillés à Nouméa ! »

Au bout de l'année, ce pionnier avait réalisé un gain de plusieurs milliers de francs.

Encouragés par de semblables exemples, beaucoup de jeunes gens qui végètent au chef-lieu, sans horizon, s'en iront ainsi vers les îles, où le plus bel avenir est ouvert aux hommes de persévérance un peu audacieux, même quand ils se limitent au commerce du coprah-maker.

Aoba est une des terres les plus riches du groupe en cocotiers.

ILE ESPIRITU-SANTO

(490.500 hectares ; 15.000 habitants avec les dépendances).

Perdue de vue pendant cent soixante-deux ans, retrouvée par Bougainville en 1768, Espiritu-Santo fut visitée par Cook en 1774. Le grand navigateur anglais fit le tour de l'île, entra dans la baie Saint-Philippe, mais n'y découvrit aucun vestige de la ville fondée par Queiros sous le nom de Jérusalem-la-Neuve. Le rapport de Queiros au roi d'Espagne célébrait des richesses imaginaires. Cependant le marin espagnol croyait en l'avenir de la grande terre qu'il avait découverte. Au bout de huit ans, après avoir vainement intercédé auprès du roi d'Espagne pour monter à ses frais une expédition qui devait le rendre maître de « contrées » plus merveilleuses encore que le Pérou, Queiros allait partir avec des vaisseaux armés par l'initiative privée lorsqu'il mourut, épuisé par tant d'efforts.

Espiritu-Santo, ou plus simplement Santo, ainsi qu'elle est appelée dans la pratique, est l'île la plus importante du groupe à tous les points de vue. Ses dimensions sont 65 milles du nord au sud, 35 de l'est à l'ouest. Une quantité de petites îles entourent ses côtes surtout dans les parties est et sud. La principale et la plus grande forme, avec l'île Mallicolo, le détroit de Bougainville, passage très sain, large de 7 milles marins.

Santo possède des montagnes magnifiques, dont certains pics s'élèvent à plus de 1.200 mètres. Ses beautés sont du même ordre que celles des autres îles, mais sur une plus vaste échelle. On y trouve des vallées et des plateaux d'une fertilité inouïe. La moindre nudité ne peut se voir, même sur les pentes les plus abruptes ; plus que nulle autre part on se sent ici dans le royaume incontesté de la verdure. Inexplorées jusqu'ici, les montagnes s'en vont de l'intérieur vers la côte ouest en s'élevant graduellement pour redescendre dans les parages du cap Lisburn en contreforts de 3 à 900 mètres d'élévation. Là, ils viennent tomber dans la mer en falaises presque verticales. Les flancs des collines sont sillonnés de nombreux ruisseaux. En plaine, quelques-uns prennent l'importance de petits fleuves ; tels le Jourdain qui se jette au fond de la baie Saint-Philippe, la Sarakata et la rivière Renée, dont les embouchures se trouvent dans le canal du Segond.

La baie de Saint-Phillippe est très vaste. Elle a pour limite à l'ouest le cap Cumberland, non loin duquel se trouvaient, dit-on, des ruines d'une antiquité remarquable, restes d'édifices très importants. Aucun des naturels n'a pu donner les causes et la date approximative de leur destruction. Aujourd'hui, on ne peut même plus obtenir de renseignements exacts sur leur position. Un dôme compact de verdure leur sert de tombeau. A l'est, la baie se termine au cap Queiros ; au delà de la plage ce sont de grandes plaines d'une fertilité merveilleuse, arrosées par le Jourdain.

Le Jourdain n'est pas un vrai fleuve, mais une

rivière importante ayant tout juste assez de largeur à son embouchure pour laisser passer une embarcation.

Le plan que Queiros nous a laissé signale trois embouchures praticables aux petits bâtiments : il observa sans doute l'estuaire à la suite d'une saison extrêmement pluvieuse et après une série de journées de beau temps, car la houle, souvent très forte dans ces parages, rend les communications avec la terre très difficiles et périlleuses. Les sources du Jourdain sont situées sur le versant nord des collines de Tanoc, dans le sud de Santo, à quelque vingt-cinq kilomètres de la baie de Saint-Philippe. S'il faut en croire les indigènes, la partie supérieure de la rivière n'est qu'un marécage absolument inabordable.

Comme partout dans l'Archipel, les eaux sont très profondes dans la baie de Saint-Philippe. A moins de 500 mètres du rivage on a encore des fonds de 36 à 55 mètres. Cependant, les alluvions du Jourdain ont formé un épi de 2 ou 300 mètres sur lequel on trouve dans les 9 mètres d'eau. Les ancres y tiennent bien. Dans l'angle sud-est le mouillage de la Table offre des fonds de 17 à 20 mètres. On peut encore s'arrêter au mouillage plus délicat de Talomako, par 23 mètres, à l'embouchure d'un ruisseau. La côte est forme une petite anse pratiquée par les recruteurs.

La côte ouest, encore mal connue, présente divers mouillages indiqués par les cartes anglaises sous les noms de Pussey, Tass-Matta, Tassele-Mana, Warsi, Pálier et Varaï qui s'échelonnent sur une longueur de 50 milles, entre 15° 30, et 14° 41, de latitude sud.

Dans la partie E. qui est basse, après l'île Sackau, on trouve Port-Olry, reconnu par le *Segond* en 1879. C'est un bon mouillage, fond sable et vase, par 18 mètres d'eau. Viennent ensuite la baie Éléphant, baie fermée par une grande île à l'est, mais il y faut beaucoup de chaîne ; la baie de Leké, sûre seulement pour les petits bâtiments ; la baie des Requins protégée par une île assez haute ; et la baie de Pallicoulo, formée par une rentrée de la côte, immédiatement à l'ouest de la pointe sud-est de Santo. Tous ces mouillages sont très médiocres.

Il faut arriver au canal du Segond, formé par le sud de Santo et les côtes nord des îles Setovi ou Tutuba, Aoré et Malo ou Saint-Barthélemy, pour trouver un abri parfait contre tous les vents.

Le canal du Segond ou Pekoa sépare les îles Aoré et Malo de la grande terre de Santo. Il a près de quinze milles de long et sa largeur varie de 1/2 à 1 mille. Les dangers qu'on y a découvert n'offrent aucune difficulté pour la navigation, sauf à l'entrée ouest, qui est rétrécie à 700 mètres par des bancs dont quelques-uns assèchent à basse mer. Sa profondeur dépasse parfois 50^m dans l'axe ; mais il y a des mouillages nombreux où un navire peut essuyer en toute sûreté de grandes tempêtes.

La plupart du temps les deux berges sont basses et presque partout accores.

Le premier avril 1879, le *Segond* pénétra dans ce bras de mer, auquel il a donné son nom ; et, après avoir fait 9 milles, il mouillait par 22 mètres d'eau, dans l'ouest de la rivière Sarakata, à l'ouvert d'une baie sablonneuse nommée Luganville, du nom du commandant des Messageries Maritimes qui vint le premier, avec un paquebot, tâcher d'établir des relations commerciales avec les Nouvelles-Hébrides. Un deuxième mouillage se trouve à l'embouchure de la rivière Renée, située environ 2 milles plus ouest ; mais la tenue y est moins bonne. On peut d'ailleurs mouiller près des deux rives sur toute la longueur du canal, magnifique boulevard marin où la végétation s'avance en encorbellement au-dessus des eaux.

La rivière Sarakata est navigable sur une longueur de 4 à 5 kilomètres. Son embouchure est obstruée par une barre sur laquelle il n'y a que 0^m 90 d'eau à mer basse.

Le jeu de la marée y varie entre $0^m 60$ et $1^m 40$, ce qui occasionne dans le canal des courants de près de deux milles sur sa majeure. partie et de trois à quatre milles aux vives eaux, de flot, à l'orifice ouest.

La rivière Renée, située un peu plus à l'ouest, n'est navigable que sur un parcours de 2 kilomètres. Elle n'est plus ensuite qu'un torrent étroit renfermé entre deux murailles de corail. Comme dans la Sarakata, on y trouve des paysages de toute beauté. Chacune des deux pointes de son entrée se prolonge par un épi de galets sur une longueur de 140 mètres. Il y a fort peu d'habitants dans les environs. Quelques colons français s'y sont installés récemment, sur le canal même.

D'après M. Elin de Châtillon, planteur d'une grande expérience, acquise au cours de quatorze ans de pratique dans les Indes hollandaises, le plateau du canal du Segond est d'une richesse que nulle terre tropicale au monde ne surpasse. Le laboratoire de Nouméa en a fait une analyse dont voici les résultats comparatifs :

	Plateau du canal du Segond.	Port Vila.	Port Sandwich.
Azote	0,026 %	0,012 %	0,021 %
Chaux	0,031	0,040	0,026
Acide sulfurique	0,011	0,008	0,013
Acide phosphorique	0,012	0,005	0,026
Potasse	0,015	0,021	0,024
Soude	0,020	0,026	0,018
Matières organiques et eau combinées	0,041	0,015	0,038

Tout y pousse à merveille : cocotiers, caféiers, cacaoyers, orangers, citronniers, goyaviers, ananas, bananes, en un mot, tous les fruits sub-équatoriaux. Les échantillons de tabac élevés par M. Elin de Châtillon ont donné un produit qui ne le cède en rien à ceux de Sumatra.

Les plantations commencées par la S. F. N. H. y sont retournées à l'état de nature, et on peut se rendre compte de la puissance de la végétation en voyant au milieu de la brousse les cacaoyers et les caféiers arborescents, les orangers et les citronniers, touffus comme des chênes. Tous ces arbres sont chargés de fruits que personne ne vient cueillir. Pour remettre en état toutes les plantations négligées ou abandonnées de cette Société, il faudrait avoir recours à la main-d'œuvre chinoise et javanaise. Alors dans quelques années, les bords du canal du Segond vers Luganville seraient le

centre le plus riche de tout l'Archipel. Une route a
été commencée entre le canal du Segond et la baie de
Saint-Philippe, mais la mort de M. Higginson a
suspendu l'exécution de tous les projets de la S. F.
N. H. reconstituée. Espérons que ce n'est que pour
un temps, car la plupart des travaux entrevus auraient
considérablement augmenté, aux yeux mêmes de nos
rivaux, les droits de souveraineté complète que nous
possédons déjà en réalité sur ces belles îles.

Enthousiasmé par les beautés de Santo, dont
l'ampleur se prête mieux que dans les îles du sud aux
grands espoirs, le gouverneur Picanon, commissaire
général dans le Pacifique, a fortement recommandé
aux nouveaux colons le défrichement des rives du
canal du Segond. C'est pour contrebalancer un mouvement qui se dessinait très bien, que les Australiens
ont organisé près de Tongoa, à 14 milles dans l'ouest
de notre centre, le *settlement* d'Annandale. La Société
anglaise constituée pour lutter contre la S. F. N. H.
n'a pas eu la main heureuse dans le choix des pionniers qui devaient rivaliser avec les nôtres. Malgré
l'assistance des missionnaires presbytériens de Tongoa,
qui ont fait tout ce qui était humainement possible
pour aider au succès de cette entreprise officielle, cet
essai de colonisation australienne s'est transformé en
un lamentable fiasco.

Le canal du Segond : En rade de Luganville.

Quelle déception pour les Australiens, qui avaient lu dans le *Sydney Morning Herald*, du 26 mai 1902, l'entrefilet suivant :

« La dernière réunion des futurs colons que MM. Burns, Philp & Cᵒ doivent envoyer aux Nouvelles-Hébrides a été tenue dans les bureaux de la Compagnie samedi dernier. M. Lucas, agent de la firme dans les îles, présidait. Après avoir récapitulé les principaux points qui avaient été mis en avant dans les réunions précédentes, une discussion générale s'est engagée sur les délimitations des terrains concédés aux émigrants, et les différentes méthodes de culture sous les tropiques.

« Un ou deux colons connaissant déjà les îles ont dit que ce mouvement d'immigration vers l'archipel sera un grand succès et le commencement d'un courant de colonisation qui aura pour conséquence de faire bientôt des Nouvelles-Hébrides un territoire britannique.

« Ils ont exprimé en outre le désir que le gouvernement du Commonwealth nommât une commission en vue de régler les titres de propriété et de donner ainsi aux émigrants une certaine garantie.

« M. Lucas a fait remarquer que les colons choisiraient eux-mêmes la nature des terrains qu'ils croiraient répondre à leurs désirs. »

Quelques-uns s'étaient installés sur des terrains appartenant à la S.F.N.H., et dont la grande firme australienne revendique une partie comme sa propriété depuis 1892. Nos titres sont antérieurs.

« Mais comment se fait-il, écrit le capitaine Gaspard que, de cet achat, personne n'en ait entendu parler depuis dix ans? Pourtant l'A.U.S.N., dont MM. Burns, Philp sont les directeurs, est trop connue aux Hébrides, où elle trafique depuis vingt ans, pour qu'une transaction de cette importance soit restée cachée pendant si longtemps ; que personne ni les indigènes, ni les colons, ni les négociants, ni les missionnaires ne l'ait connue et qu'on ait jugé de la rendre publique le jour seulement où l'on a pensé qu'il était de bonne politique d'introduire des colons dans l'archipel.

« La vérité est que, depuis nombre d'années, un de nos plus grands ennemis, le Rev. presbytérien Hannan, préparait cette ténébreuse intrigue. Patiemment, ce mercanti attendait que les anciens propriétaires du sol, les indigènes qui, il y a bien longtemps, avaient vendu les terrains de Tongoa à la Société Calédonienne, soient morts, afin de prétendre que ceux-ci n'avaient pas cédé leurs terrains aux Français, mais aux Anglais [1]. »

1. *La France Australe.*

Corvée de Canaques travaillant à la route de Luganville à la baie
de Saint-Philippe.

Ce cas seul, montre à quelles inextricables difficultés va se heurter la Commission pour le règlement
des différends fonciers entre Anglais et Français instituée aux termes de la convention anglo-française du
8 avril 1904.

Et on se rend si bien compte de l'impossibilité de
sa tâche sans des sacrifices de temps et d'argent considérables et injustifiés, que la constitution de cette
commission a demandé presque deux ans de réflexion !

Les colons dans lesquels l'Australie avait mis son
espoir étaient censés être de petits capitalistes possédant au moins 5.000 francs. Les plus âgés paraissaient
avoir fait partie du contingent d'aventuriers qui se
précipita jadis à la recherche de l'or, et ils suivaient
leur penchant en se portant à la rencontre de ce nouveau mirage.

Leur cornac avait présenté toutes ses recrues dans
la presse australienne « comme des hommes éprouvés,
à l'esprit mûr et réfléchi, dont les années s'étaient
passées dans un labeur incessant, et que l'inconstance
des saisons chassait de leur pays. Il est rare, ajoutait-
il, que dans des entreprises de cette sorte viennent
se glisser des parasites ou des paresseux. Et s'ils com-
mettent quelque bévue, ce ne sera pas faute de s'être
suffisamment renseignés, ou pour avoir accueilli avec

trop de crédulité les réponses à leurs incessantes questions ».

Il est curieux de noter que toutes les paroles de ce M. Lucas s'appliquaient exactement aux colons français installés dans le groupe.

Lorsque, au commencement de 1904, j'arrivai avec le *Pacifique* dans les îles, la fameuse colonie d'Annandale avait fondu et les rives de la côte S.-O. de Santo, vues de la mer, avaient repris leur aspect splendidement virginal.

Dans le premier convoi d'immigrants australiens, se trouvaient deux Anglais venant d'Europe et un Suisse naturalisé.

Il est curieux que ces trois colons sont les seuls qui aient à peu près réussi. Quant aux Australiens, ils se sont vite découragés et n'ont pas tardé à quitter l'un après l'autre leurs concessions.

La preuve est faite, par cette tentative, que les Australiens réduits à s'expatrier ne possèdent ni l'énergie, ni la persévérance nécessaires pour conquérir les terres vierges des Nouvelles-Hébrides. Ils ne possèdent plus la belle ardeur de leurs ancêtres britanniques; et, avant la campagne des Hébrides, on l'avait bien vu aux expéditions de l'Uruguay (*New Australia Settlement*), du Canada et du Transvaal, qui ont rendu

successivement ces enfants gâtés à la douce protection de leur *Commonwealth.*

Cependant, dans son rapport annuel, le commandant J. P. Rolferton, du Naval Board, leur trouve
des excuses : « Les colons qui se sont établis à Santo
sud, écrit-il, disent que le pays est malsain et maré-
cageux. Il leur est impossible de se procurer de la
main-d'œuvre. Les Canaques de cette région préfèrent
travailler pour les colons français à Segond Channel,
qui se permettent de leur fournir des armes et des
munitions. En raison de cet état de choses, quelques-
uns des colons ont déjà quitté le pays, cherchant des
endroits plus convenables.

« Les nouveaux colons établis à Undine Bay et à
Hog Harbor réussiront mieux. La grosse difficulté
actuelle est le manque de main-d'œuvre, mais qui va
certainement disparaître maintenant que le Résident-
commissaire a le pouvoir de donner des permis pour
recruter dans les îles. La loi française tolère ou permet
la vente des armes et munitions aux naturels, je suis
informé que le gouvernement français va prendre les
mesures nécessaires et prohiber sévèrement le trafic
d'armes. En attendant, le différend entre les lois
anglaises et françaises est préjudiciable aux intérêts
anglais. »

« Or, cette partie du rapport de l'officier anglais est fausse en tous points.. Les colons anglais vendent, autant qu'il leur est possible, des armes et des munitions qui leur sont fournies par des maisons de Sydney, et livrées par les steamers anglais sous la dénomination de *ironmongery* (quincaillerie) ou *mechanics* (mécaniques). Si elles le pouvaient, ou plutôt si elles le voulaient, les autorités australiennes pourraient certainement exercer un contrôle très efficace à Sydney [1]. »

On aurait tort d'inférer de tout le bruit fait par les Presbytériens et des rapports partiaux du genre que nous venons de citer, que l'opinion australienne nous est unanimement hostile sur la question si brûlante pour elle des Nouvelles-Hébrides. Car, de temps en temps, même dans les journaux qui accueillent le plus volontiers les plaidoiries en faveur des évêques-rois des îles, il se produit des lettres émanant de gens réfléchis et sincères, qui examinent et présentent la question sous son véritable jour.

C'est surtout dans la presse purement australienne, c'est-à-dire affranchie des inspirations toutes britanniques qui animent les grands quotidiens, soutenus

1. *Bulletin du Commerce de la Nouvelle-Calédonie et des Nouvelles-Hébrides.*

De Luganville à la baie de Saint-Philippe (Route).

par des capitaux anglais afin de retarder aussi longtemps que possible l'émancipation morale de l'Australie, qu'on rencontre le plus souvent l'expression
sincère de l'opinion publique *australienne* au sujet des
Nouvelles-Hébrides.

« Lorsque l'Australie, dit un article du *Bulletin*,
spirituel hebdomadaire de Sydney, possédera une population aussi dense que celle de l'Angleterre ou de la
France ; quand tout le littoral de ce continent sera
garni de fermes et d'exploitations agricoles florissantes ;
que ses cités maritimes seront entourées d'usines en
plein rapport ; quand des concessions de terres et des
centres de colonisation auront été établis dans les
vastes solitudes de l'Ouest, non pas de la façon misérable et sans avenir tel que l'on procède à l'heure
actuelle, mais d'après la méthode scientifique et énergique adoptée par les Américains dans l'Arizona ; alors
— mais alors seulement, — l'Australie aura le droit de
songer à des conquêtes à l'extérieur, en vue de déver-
ser au dehors le trop-plein de sa population.

« En attendant cela, et le but ne sera atteint que
dans plusieurs siècles, l'Australie a besoin de tous ses
enfants et doit jalousement les garder chez elle.

« ... La France tient avec l'Angleterre la tête du
progrès et de la civilisation ; c'est pour cela que le

voisinage sur nos côtes d'une telle nation ne constituerait nullement pour nous une menace; au contraire! Dernièrement la France a respecté les susceptibilités australiennes en cessant tout envoi de forçats en Nouvelle-Calédonie et en s'engageant à ne pas créer d'établissements pénitenciers aux Nouvelles-Hébrides; dans ces conditions nous ne voyons pas trop ce que l'Australie a à redouter du voisinage de la France... »

« Le *Sunday Times* du 12 avril suivant (1904) envisage à son tour la question dans les termes ci-dessous:

« ... Le *Commonwealth* est maître de l'Australie, et pourtant d'immenses étendues de son territoire sont encore incultes et désertes.

« D'après les chiffres de sa natalité, notre populationne peut arriver à doubler son chiffre actuel que dans soixante-dix ans environ. A moins de circonstances extraordinaires et presque improbables, bien des années et des années s'écouleront encore avant que la population du *Commonwealth* atteigne le nombre de celle vivant dans les États les plus insignifiants du monde chrétien.

« Or, les Nouvelles-Hébrides, autour desquelles on mène si grand bruit à l'heure actuelle, ne peuvent être cultivées vu leur situation que par les indigènes du pays et se trouvent à plus de mille milles du port australien le plus rapproché d'elles.

« Au point de vue stratégique ont-elles une valeur quelconque pour l'Australie? — Nullement, car la Nouvelle-Calédonie commande notre route sur les Fidji. Donc, à part un commerce presque insignifiant, entre l'archipel et l'Australie, commerce qui est, d'ailleurs, très entravé par les droits exorbitants qui frappent les produits des îles à leur entrée dans nos ports, j'estime que les Nouvelles-Hébrides nous sont absolument inutiles.

« Voyez ce qui se passe dans la Nouvelle-Guinée anglaise qui se trouve, au point de vue du climat, dans des conditions presque identiques à celles des Nouvelles-Hébrides. Les revenus de cette colonie ne payent même pas les frais de son administration, et ce regrettable état de choses durera tant que la politique économique qui nous régit actuellement restera en vigueur.

«... En ce qui touche l'étendue des terres sur lesquelles il voudrait voir flotter son drapeau, l'Australien n'a ni prudence ni mesure. Mais si on lui demande : « Pourquoi vous opposez-vous à la prise de possession des Nouvelles-Hébrides par la France? Il ne trouve que des réponses vagues et peu pratiques, telle celle-ci, par exemple : « Parce qu'une mesure de ce genre est contraire à notre doctrine de Monroë et qu'un vrai Anglais n'entend pas amener son pavillon lorsqu'il a été hissé et flotte sur un point quelconque du globe... » Pourquoi ne devons-nous pas nous opposer à une prise de possession par la France, conclut le journaliste *australien*?

« Parce que nous n'avons rien ou presque rien à craindre d'une nation en décadence comme la France. Comme nous, ce pays est harassé par une dette formidable et décline par suite du très faible chiffre de sa natalité. Plus la France étendra son influence dans cette partie du monde, moins nous aurons de chances de voir une troisième et formidable puissance près de nos rivages... »

Et à son avis, la seule façon de clore définitivement la question néo-hébridaise, c'est que la Grande-Bretagne consente à l'annexion des Nouvelles-Hébrides par la France, à condition que la France s'engage à ne jamais céder l'Archipel à une autre nation dans le cas où, pour une raison ou pour une autre, elle serait amenée à s'en défaire.

Voici, d'autre part, une lettre parue dans le *Sydney Morning Herald* du 10 avril 1904, sous la signature de M. E. Abbott, dont il convient d'enregistrer les passages les plus saillants, qu'on peut prendre comme l'expression du sentiment intime de tous les hommes de bon sens, beaucoup plus nombreux en Australie que ne le voudrait la presse impérialiste :

« Au sujet de l'attitude prise par le Gouvernement et la majorité des Australiens en ce qui concerne les Nouvelles-Hébrides, écrit à l'éditeur M. W. E. Abbott, je vous demanderais de dire quelques mots.

« Sur les 4.000 milles de notre littoral, et sous les tropiques, il y a plusieurs millions d'acres de terrain absolument semblable comme composition à celui des Nouvelles-Hébrides.

« La partie septentrionale de l'Australie de l'ouest ; les Territoires Nord de l'Australie Méridionale et du Queensland, exclusivement propres aux cultures tropicales sont, à l'heure actuelle, déserts et incultes, par suite de la politique qui semble avoir ici l'approbation de tous et qui consiste à prohiber dans « l'Australie Blanche » la main-d'œuvre de couleur.

« Le seul avantage, donc, que les planteurs des Nouvelles-Hébrides ont sur les nôtres, c'est qu'ils peuvent, comme ceux des Fidji, employer des travailleurs indigènes.

« Le Commonwealth revendique les droits qu'il a ou qu'il croit avoir sur l'Archipel. Il n'obéit, en cela, j'imagine, qu'à un seul mobile : celui de prendre fait et cause pour les planteurs australiens qui y sont allés en vue d'améliorer leur sort.

« Or, en supposant que les Hébrides deviennent un

jour partie intégrante du Commonwealth, les lois qui régissent ledit Commonwealth à l'heure actuelle devront y être appliquées ; et, par suite, l'emploi de la main-d'œuvre de couleur y sera interdite ainsi qu'elle l'est déjà chez nous. Car, il est inadmissible, vous l'avouerez, que tous les habitants d'un même Etat ne subissent pas le même régime, et que les uns puissent, grâce à une main-d'œuvre abondante et peu chère, faire concurrence à leurs compatriotes du continent pour lesquels l'emploi de cette même main-d'oeuvre est prohibé.

« Donc, si nous annexions les Nouvelles-Hébrides, ce serait aller justement à l'encontre des vrais intérêts des Australiens qui les habitent déjà. De plus, y a-t-il quelque utilité à revendiquer pour nous de nouveaux territoires, alors que nous en possédons déjà de si vastes, que nous ne pouvons même pas cultiver ?

« Il existe, de par le monde, des milliers et des milliers d'êtres humains, des gens qui, comme nous, ont une âme et un cœur, et qui, chez eux, meurent de faim, alors que nous possédons ici d'immenses territoires où ils pourraient vivre, mais dont nous leur défendons jalousement l'entrée, préférant laisser nos terres inutiles et désertes.

« Et c'est en présence d'un fait de ce genre que vous voulez annexer de nouveaux pays, afin d'augmenter encore la misère autour de vous et d'enlever le pain de la bouche à ceux qui, à l'heure actuelle, gagnent leur vie dans l'Archipel ?

« Le système aujourd'hui en vigueur aux Nouvelles-Hébrides, celui du double protectorat, est un échec, un fiasco. Si j'avais un conseil à donner à mes compatriotes installés là-bas, je les engagerais à vendre au plus vite leurs propriétés et à s'en aller ou, autrement, à se faire naturaliser Français, la France permettant à ses sujets d'user de la main-d'œuvre de couleur.

« Le meilleur parti à prendre, pour nous autres Australiens, serait, à mon avis, de nous désintéresser absolument de la question, et de laisser le Gouvernement britannique s'arranger comme il l'entendra avec la France. Car, si, par malheur, les Nouvelles-Hébrides étaient rattachées au Commonwealth, il vaudrait mille fois mieux, je le répète, pour les Australiens qui y sont fixés, se faire naturaliser Français.

« Par suite du nombre de plus en plus restreint, chaque année, des naissances sur le territoire du gouvernement Fédéral, et grâce à nos lois restrictives sur l'immigration, il faudra cinq siècles, au moins,

dix peut-être, pour que toutes les régions australiennes situées au delà du tropique se peuplent et
atteignent leur plein développement. Et c'est en présence de ce fait indéniable, incontestable et patent,
que nous voulons, les yeux plus grands que le ventre,
nous emparer de territoires qui ne nous serviront
jamais à rien ; et cela pour la seule et simple raison,
autant que je puis en juger, que nous n'aimons pas
voir quelqu'un autre que nous-mêmes prendre possession des choses qui pour nous ne sont d'aucune utilité !...»

Vraiment, aucun avocat colonial, en France, n'a
plus éloquemment défendu notre cause, ni apporté
dans le débat contre la thèse australienne, des arguments plus péremptoires.

*
* *

Il reste une carte très considérable dans le jeu des
Australiens : les 3.000 canaques néo-hébridais installés
au Queensland, et qui, aux termes de *l'Alien Restriction Bill*, réservant l'Australie aux seuls Blancs,
doivent avoir rejoint leurs îles natales avant la fin de
1906. Tous ces noirs parlent assez bien l'anglais.
Quelques-uns ont même épousé des femmes blanches

(quantité d'Australiennes entretiennent volontiers des relations intimes avec les Canaques) et ils en ont eu des enfants. Il a été un moment question de laisser ces indigènes s'établir dans le nord du Queensland, tant leur départ a été combattu dans cet État par les hommes de bon sens qui résistent à la tyrannie des politiciens de Melbourne. Car cet exode est une cause sensible d'appauvrissement pour cette province du Commonwealth, grande quatre fois comme la France, et n'ayant encore que 520.000 habitants.

Comme ce sont toujours les sujets les plus vigoureux qui s'expatrient, ce complément de main-d'œuvre rejeté sur les Nouvelles-Hébrides sera des plus précieux pour les colons qui sauront ou pourront les embaucher.

On aurait l'intention d'installer ces proscrits près des localités où sont déjà établis les colons anglais, de façon à ce que ceux-ci puissent se procurer facilement cette excellente main-d'œuvre. Les autorités anglaises invoquent une raison très plausible pour présider à la réinstallation des Canaques queenslandais dans leur pays d'origine :

« Il faut, disent-ils, assurer leur débarquement en toute sécurité de manière à éviter leur massacre avant qu'ils n'aient quitté la côte. Ces Canaques, retour de l'extérieur, sont civilisés et auront très probablement avec eux des enfants nés au Queensland. Il serait peu sage de les laisser regagner directement des villages dont les habitants sont renommés pour leur cruauté sans égale. »

Mais, au point de vue politique, ce n'est pas sans inquiétude que les Français considèrent le retour de ces travailleurs dans leurs îles natales.

En effet, chacun de ces Canaques peut être, pour le développement de l'influence anglo-australienne, un atout précieux. Parlant la langue de nos rivaux, pliés pour la plupart à leurs habitudes, pratiquant *leurs* religions, nos implacables ennemis, les Presbytériens, ne manqueront pas de s'en servir pour dénigrer auprès de leurs congénères la France et les Français.

Que les agissements des missionnaires anglicans dans l'Archipel soient férocement gallophobes ; que ces ministres d'une religion de charité et de mansuétude ne laissent pas de s'acharner, non seulement à la ruine des colons français établis aux Nouvelles-Hébrides, mais encore à celle des Calédoniens en les mettant tous dans l'impossibilité de se procurer dans l'Archipel la main-d'œuvre qui leur est nécessaire, nous n'en voulons pour preuve que les deux lettres officielles ci-dessous :

Bord « Jeannette », 6 oct. 97.

Monsieur le Révérend,

« J'ai l'honneur de porter à votre connaissance que les Canaques qui étaient allés se plaindre à vous et que vous avez bien voulu accompagner à bord de notre navire ce matin, n'ayant pas, ainsi qu'ils s'y étaient engagés en votre présence, effectué le payement intégral de la prime des deux femmes recrutées par nous, ces dernières restent à bord de la « Jeannette » qui lève l'ancre.

« Veuillez, etc.

« Dr Etourneaux,
« Commissaire du Gouvernement français. »

« Tass-matta, bord « Jeannette »
21 mai 1899.

A Monsieur le Rev. Mac Kensie.

« Monsieur,

« J'ai l'honneur de vous informer que la « Jeannette » étant mouillée hier matin dans la baie de Tass-matta,

le recruteur de ce navire, qui cherchait des volon-
taires pour Nouméa, a été interpellé en ces termes
par un des vos teachers indigènes originaires de l'île
Nguna :

« — Vous voulez engager des hommes, mais vous
n'en aurez pas, car tous ceux qui sont ici sont pour
le Queensland. D'ailleurs, je connais les Français ;
ils battent les Canaques et les traitent comme des
chiens. »

« Vous estimerez comme moi, Monsieur, que ces
paroles sont de nature à porter atteinte aux recruteurs pour la France de travailleurs néo-hébridais. Je
me vois donc forcé d'en référer à mon Gouvernement,
qui appréciera. »

« Agréez, etc.

« Dr Lefèvre,

« Commissaire du Gouvernement français. »

Et en dépit de « l'entente cordiale » des deux
métropoles, la même animosité continue de s'exercer
sourdement au grand dam de nos vaillants compatriotes.

Voici, en effet, ce que nous lisons dans la *France
Australe* du 10 janvier 1904, sous ce titre :

Le recrutement aux Nouvelles-Hébrides.

« J'ai été sollicité à diverses reprises pour donner mon avis sur cette question bien d'actualité, à l'heure présente ; car le recrutement des travailleurs indigènes aux Hébrides devient de plus en plus difficile d'année en année.

« Parlant franchement, si nous ne trouvons plus la main-d'œuvre qui nous est nécessaire dans l'Archipel, la faute en incombe uniquement aux missionnaires presbytériens anglais, qui mettent les indigènes en garde contre nous et les empêchent de venir travailler chez les Français, sur lesquels ils ne cessent de répandre les plus basses calomnies.

« Au cours d'un récent voyage que j'ai fait dans l'archipel des Torrès, je fis escale dans une île, où, à l'époque, j'avais pu faire un fructueux recrutement de main-d'œuvre, non seulement pour les Hébrides, mais encore pour la Nouvelle-Calédonie.

« M'étant rendu à terre, les indigènes vinrent à ma rencontre et me déclarèrent que leur évêque leur avait formellement défendu de mettre le pied sur un navire français et leur avait, de plus, recommandé, lorsqu'un de ces navires approcherait du rivage, de s'enfuir dans la broussaille et de soigneusement s'y cacher avec leurs femmes et leurs enfants.

« Ayant besoin de deux ou trois matelots, je fis tous mes efforts pour engager à cet endroit trois Canaques, et j'y parvins. Mais comme ces gens retournaient à terre pour dire adieu à leurs familles et leur remettre les cadeaux que je leur avais donnés, le teacher de la tribu les menaça des pires châtiments ; aussi, effrayés, refusèrent-ils en fin de compte de venir avec moi.

« Indigné de cette façon de faire, j'écrivis aussitôt à l'évêque presbytérien, lui reprochant de s'immiscer dans mon commerce et mes affaires, et lui annonçant que mon intention était de me plaindre auprès de qui de droit.

« Le motif auquel les presbytériens obéissent en défendant à leurs ouailles de venir chez nous est des plus bas : c'est encore une question d'argent. En effet, à mesure que la population diminue dans les centres où ils opèrent, leurs revenus diminuent d'autant.

« A Tanna, j'ai également rencontré bon nombre de Canaques qui n'auraient pas mieux demandé que de venir à mon bord ; malheureusement, là encore, les missionnaires et leurs âmes damnées, les teachers, les empêchèrent en disant que les bateaux français étaient maudits et que quiconque y montait mourait.

« Les indigènes étant très superstitieux, cette simple menace suffit à les éloigner de nous.

« Tels sont les procédés mis en œuvre par des gens

qui ont l'aplomb de se qualifier de serviteurs du Christ et de faire précéder leur nom du titre de Révérend!

« Vous devez sûrement vous rappeler le cas de cet indigène engagé chez le Lorrain à Nouméa, qu'un presbytérien de passage en Nouvelle-Calédonie voulut emmener avec lui sous prétexte qu'il avait été enlevé de force.

« Ce fait a été reproduit dans une revue anglaise, et odieusement travesti pour les besoins de la cause.

« La vérité est que le Canaque en question, qui était teacher dans sa tribu, s'était enfui du village ; car, ayant commis le crime d'adultère, il craignait d'être puni de mort, — châtiment ordonné, à ce qu'on m'a assuré, par les règlements de cette église de Tartuffes francophobes. Le Canaque en question se réfugia de son plein gré à bord de la « Julia », avec nombre de ses camarades, et reçut les présents d'usage.

Tous les journaux de Sydney, de Melbourne et d'ailleurs sont pleins de mensonges que ces pieux « gentlemen » ne cessent de débiter sur notre compte, cherchant à nous nuire par tous les moyens possibles.

« En écrivant ce qui précède, je ne fais donc qu'user de mon droit de légitime défense en dénonçant de coupables manœuvres.

« Richement dotés par leur pays ; entretenus dans le luxe et la paresse, ces presbytériens sont mercantis plutôt que pasteurs. Je me désintéresserais cependant fort de ces messieurs s'ils se contentaient de vivre sans rien faire ; mais lorsque je les vois non seulement entraver nos opérations commerciales, mais encore nous calomnier publiquement, la patience m'échappe et, indigné, je proteste de toutes mes forces[1].

« R.S.P. »

D'un autre côté, le capitaine Gaspard, bien connu des Océaniens, écrivait le 26 mars 1903 de Port-Vila au même journal :

« La campagne anti-française entreprise par les presbytériens ne se calme pas, au contraire ! A mon arrivée à Tanna ces jours-ci, le Rev. Anderson a cru devoir m'adresser de vifs reproches, sous prétexte que mes hommes avaient vendu du gin aux indigènes de l'île. Cela était inexact, car depuis vingt-deux années que je navigue dans le groupe, je n'ai pas vendu directement aux Canaques une caisse de gin par an.

« En 1879, le commodore Nelson fit arrêter le capi-

1. « Il faudrait établir dans l'Archipel une taxe sur tous les trafiquants, sans en excepter les missionnaires (Presbytériens) qui font durement concurrence à tous les commerçants, ayant l'avantage que toutes les marchandises qu'ils reçoivent leur sont envoyées aux frais de leurs missions ».
Sydney Daily Telegraph du 25 août 1906.
(Interview de M. Macdonald par le premier ministre fédéral Deakin).

taine français Madézo, qu'il rendait responsable de l'assassinat par les indigènes de l'équipage de la goélette anglaise « Mystery ».

« Cela n'était pas exact ! mais Madézo fut condamné à trois ans de prison sur d'autres chefs.

« Cela montre qu'il y a vingt-trois ans, les Anglais rendaient déjà responsables nos compatriotes de tous les crimes qui se commettaient aux Hébrides. Madézo était pourtant à cette époque le seul Français faisant de la piraterie dans les îles, tandis qu'en même temps que lui, se trouvaient six Anglais du Queensland, deux Anglais des Fiji, deux Allemands de Samoa, qui se rendirent coupables de toutes sortes de crimes et de rapines.

« La tactique de nos ennemis est restée la même en 1903 qu'en 1879. Ils nous reprochent aujourd'hui de vendre aux indigènes de l'alcool, des armes et des munitions ; et pourtant, eux-mêmes en vendent dix fois plus que nous. Cette campagne anti-française porte hélas ! ses fruits : jamais notre influence dans l'Archipel n'a été moindre qu'à l'heure actuelle. »

*
* *

Personne n'a encore pu découvrir le nom indigène d'Espiritu Santo. Au cours d'un séjour de quatre mois parmi les sauvages, en 1869, le Rev. James D. Gordon acquit la conviction qu'au regard des Canaques elle n'avait pas un nom général. Le Rev. Dr Geddie, qui eut plusieurs fois l'occasion de la visiter, nous assura qu'elle s'appelle Minaru ; tandis que le Rev. John Goodwill, installé au cap Lisburn (partie O.), croit que son nom est Nouwin. La vérité est qu'à cause de l'état de guerre continuelle dans lequel vivent les *men salt water* et les *men bush*, nul, parmi les sauvages, n'a la notion de sa grandeur, et les noms ne s'appliquent dans leur esprit qu'à la région restreinte qui leur est connue.

Les tribus sont nombreuses et parlent différentes langues. Là, par exemple, on donne à la femme le nom de *gai* (gayeye) et un peu plus loin on l'appelle *lévina*. Les popinées y sont presque toutes tatouées et aucune des îles ne peut rivaliser de simplicité au point de vue du vêtement, réduit, la plupart du temps, à une simple feuille pas plus grande qu'une feuille de laurier, dont elle affecte la forme. Quelquefois elles portent des feuillages en fronce ou une bande très étroite de nattes, avec une queue d'environ deux pieds de long. Elles se font couper les cheveux très courts, en ayant soin de conserver une touffe d'environ un pouce de long, imitant la crête du coq. Les hommes sont un peu plus vêtus et plus ornés que leurs compagnes. Pauvres, leurs joyaux : des coquillages usés sur les pierres douces, des os, des dents de pocas dont les plus voisines de la circonférence parfaite sont l'apanage des chefs. Ils portent aussi, dans leurs cheveux, des panaches de queues entières de coq. Leur anatomie est souvent très belle ; mais la couleur de leur peau n'a pas l'unité de teinte. Les uns sont presque rouges, les autres très noirs. Dans les deux sexes, prévaut la coutume de se peindre la peau. Le sexe fort est décoré quotidiennement et le petit, comme disait Balzac, seulement les jours de fête. Parfois les hommes sont entièrement peints en rouge, sans en excepter le système pileux. Ils se servent pour cela d'une argile ocreuse qu'ils trouvent dans l'île. Quand ils débroussent, ils se barbouillent de noir.

Les naturels de Santo ont des notions d'art un peu plus hautes que les autres Canaques du groupe. Avant l'importation des marmites de fonte ils pouvaient confectionner de la poterie sans vernis pour les besoins de la cuisine. Tous prétendent que leurs pères étaient beaucoup plus adroits qu'eux dans cette industrie. Ils mangent leur nourriture avec des aiguilles de bois comme avec des fourchettes. Leurs cases sont mieux tenues, leurs villages plus propres que dans le reste

de l'Archipel, exception faite pour les villages construits sur les îlots adjacents de Mallicolo et de Vaté
(Vao, Wala, Rano, Mélé). Le sol de leurs habitations
est recouvert d'un pavement qui ajoute à la propreté
de leur intérieur. Parfois, des conduits en bambou
distribuent l'eau sur divers points du village et cette
canalisation vient, par endroits, de fort loin. Ailleurs,
ils apportent l'eau dans leur primitive cité au moyen de
bouteilles en noix de coco suspendues, par grappes de
quatre ou cinq, à un bâton posé en travers sur les épaules.
Afin que l'eau ne se perde pas, si la noix s'incline ou
se retourne, ils en ferment les petits trous au moyen
d'une pierre en pointe entourée d'un filament cordé.
Les hommes et les femmes charrient de l'eau ; mais les
femmes seules apportent les produits des plantations
à la case, et le bois, pour la cuisine, de la forêt. Elles
placent les ignames dans de grands paniers, retenus
par une corde qui entoure la partie supérieure du
front. En se penchant en avant, elles peuvent courir
assez vite, l'effort se faisant principalement sur le
cou. Les mères portent leurs enfants dans des nattes
attachées à l'une de leurs épaules : ils n'ont aucune
espèce de vêtement jusqu'à l'approche de la puberté.

La cuisine des Canaques de Santo est également
supérieure à celle des indigènes du Sud. Ils cuisent

d'abord leur nourriture d'ignames et de noix de coco
à la manière ordinaire, entre des couches de feuilles.
En la retirant du feu, ils l'ouvrent, et font tomber les
feuilles en laissant un côté à nu. Soulevant alors le
gâteau de la main, ils le renversent sur un grand plat
de bois à la surface duquel il se colle. Cela leur permet de le dépouiller du reste des feuilles qui le pro-
tégeaient pendant la cuisson. Alors, ceci fait, un
homme prend le plat entre ses jambes, le tient immobile en en pressant les oreilles sur le sol avec ses pieds,
tandis que ses mains s'occupent à réduire le gâteau
en une masse gélatineuse par l'intermédiaire d'un
pilon d'une longueur de deux pieds environ. Le lait
de la noix de coco est versé dans un autre plat.
Quand tout est prêt, le clan à qui la nourriture appartient se réunit autour du plat et chacun prend avec
les doigts un morceau de la masse, qu'il roule en
boule à peu près de la grosseur d'un œuf de poule, le
trempe tout chaud dans le lait, et avale en apparence
sans mâcher.

Les enfants sont l'objet de soins de propreté. On
les lave très souvent dans l'eau courante, ce qui
est très bon pour leur santé. Un missionnaire presbytérien, le Rev. Paton, dit avoir observé plusieurs
témoignages d'effusion entre les hommes et leurs

femmes, ce qu'on n'a pas eu l'occasion de voir dans les îles du Sud, où la présence du Blanc met tout de suite les naturels sur la réserve. « Un indigène qui marchait avec nous, dit-il, fut rejoint par une de ses femmes, ainsi qu'il nous en informa. Elle mit sa main dans la sienne et ils marchèrent ainsi longtemps, tandis qu'il lui expliquait tout avec beaucoup de bonté. Nous avons vu plus loin la femme d'un chef courir vers lui ; puis ils allèrent en se tenant également par la main très affectueusement ; quatre beaux enfants les escortaient. Nous avons vu souvent des hommes enseignant des petits enfants et les portant dans leurs bras fort tendrement.

« Nous visitâmes la case du chef. Son toit, en feuillage de pandanus, avait 13 ou 14 pieds d'élévation ; il était supporté par cinq piliers de bois et les faces s'abattaient au ras du sol. Vers la partie médiane, elles étaient soutenues chacune par une rangée de neuf piliers magnifiquement sculptés. Cette habitation, luxueuse pour les îles, pouvait avoir 40 pieds de long sur 16 à 20 de large. La vaisselle consistait en une soixantaine de pots en terre et de plusieurs plats sculptés avec goût. En outre, il y avait dans cet intérieur une quantité de bois à brûler ; du bois de santal, beaucoup de nattes, des peignes et des sagaies.

Le cou, les bras, les jambes, toute la persone du chéf était chargée d'ornements en coquillages merveilleusement travaillés. Un coquillage de la grandeur d'une tasse à café, d'un blanc pur, était au-dessus de sa tête comme une couronne. Ce roi superbe était assis sur une grosse pierre élevée de deux ou trois pieds et posée sur d'autres pierres. Il tenait à la main une grande pièce de bois de fer qu'il posa près de lui afin de nous donner la main. Ensuite il nous plaça à sa droite, tandis qu'une centaine de gardes étaient rangés à sa gauche, une foule de femmes se tenaient accroupies devant et derrière lui. »

Tous les hommes sont armés de lances et d'arcs. A l'extrémité de leurs flèches, ils fixent souvent des fragments d'os humains qui sont empoisonnés. Les blessures qu'elles font alors sont mortelles. Beaucoup possèdent des fusils troqués avec les recruteurs. Les morts restent couchés dans leurs cases pendant cent jours ; ensuite on s'empare des os utiles puis les restes sont enterrés ou jetés au loin.

Les Canaques de Santo se livrent à beaucoup de cérémonies et pratiquent de grandes fêtes en l'honneur d'on ne sait qui. M. Gordon a fait la description d'une de ces assemblées où plus d'un millier de naturels se trouvaient réunis. Les acteurs étaient peu nombreux. Ils balançaient constamment leur corps en avant et en arrière. La représentation commença par une espèce de danse, puis un éminent personnage se mit à frapper sur un tambour de bois en forme de poire qui avait bien 5 pieds de long sur 2 de large. Des lèvres s'ouvrent du côté, l'une plus basse que l'autre. Elles ont 3 ou 4 pouces et chacune d'elles donne un son différent. On ne les frappe pas au hasard, mais avec beaucoup d'adresse de façon à produire de longs accords. Le musicien se sert de ses deux mains avec une dextérité surprenante. Le prêtre qui officiait cette fois apporta alors son « sac de mystères » qu'il déposa sur un autel en pierre. Ces autels sont nombreux. Chaque année on semble en ériger un nouveau. Pour quelques-uns, les dimensions de la pierre sont 5 pouces de long sur 3 de large et 1 d'épaisseur. Elle repose sur quatre forts pillers d'environ 1 pied de haut. Au bout d'un moment, les second et troisième chefs avancèrent. Ils tenaient chacun au-dessus de la tête, à longueur de bras, un sarment garni de ses feuilles d'environ 6 pieds de long. Ils se mirent à courir et à cabrioler çà et là, suivis par le prêtre qui tenait à la main son « sac de mystères ». Tous trois étaient peints en rouge de la tête aux pieds, et fantastiquement décorés avec les branches d'une certaine espèce de plante. Après avoir fait pendant quelque temps les fous, ils s'approchèrent de l'autel, sur lequel le prêtre sauta et commença de danser. Dans une main il tenait son sac, et dans l'autre un bâton d'environ 15 pouces de long dont il eut bientôt l'emploi. Entre temps, les autres étaient occupés à se saisir de petits pocas (cochons). Une vingtaine allèrent dans le grand sac et quelques-uns dans de petits paniers. Bientôt on entendit une succession rapide de claquements pareils à des coups de fouet. En réalité, c'en étaient. Cette partie du programme, appelée *apromos*, était accomplie par des jeunes gens, dont un certain nombre stationnait sur le sol, à trois mètres de distance l'un de l'autre, et sur deux lignes. Des hommes couraient devant les rangs. Ils s'arrêtaient deux par deux, un moment, pour recevoir un coup d'une longue baguette semblant provenir de la nervure médiane d'une jeune feuille de cocotier. Cette badine avait près de deux mètres de long. Donnés sur la poitrine nue des hommes nus, ces coups produisait des claquements de fouet à succession très rapide. Avant de partir, ils s'enduisirent le haut du corps de taro gratté, pour se protéger, en apparence contre les coups. Chaque badine ne devait donner qu'un coup. Une fraîche la remplaçait immédiatement, de sorte que le sol en était jonché. Les flagellés semblaient devenir enragés sous l'excitation ou la douleur. Plusieurs groupes opéraient simultanément de sorte qu'il fallait bien faire attention pour voir tout ce qui se passait. « Je dois avouer que je me sentais effaré, dit M. Gordon, car je n'avais aucune idée de ce qui allait arriver. J'avais entendu parler d'une chute de pierres météoriques et même d'une pluie de pocas. C'était la première fois que j'entendais parler d'une pluie de cochons. Les pocas de la fête avaient été mis en sacs préalablement. On les prenait pour les jeter en l'air aussi haut qu'il était possible de les lancer, de manière à ce qu'ils vinssent tomber sur la tête de quatre ou cinq danseurs qui cherchaient à les attraper lorsqu'ils retombaient. Il est difficile de voir des balles plus horribles. Parfois les petits pieds des pocas rasaient leurs oreilles ou effleuraient leurs yeux quand ils les attrapaient en l'air. Le plus souvent, les malheureuses bêtes retombaient de tout leur poids sur le sol. En tout cas on s'en emparait vivement pour les porter au prêtre, qui dansait sur l'autel au son du tambour, frappé par un enfant avec des baguettes de bambou. Le prêtre tuait les pocas avec le bâton qu'il tenait à la main en leur assénant un coup sec sur l'os frontal. On les jetait aussitôt en un monceau, et il y en eut bientôt plus de deux cent, y compris les gros, dépecés entre temps, pour être cuits et mangés également le soir. Des femmes, environ au nombre d'une centaine, sortirent ensuite de la brousse en dansant. Elles s'avançaient quatre de front, et leur visage était peint d'une façon très compliquée et totalement, par bandes angulaires de différentes couleurs. On ne peut rien imaginer de plus hideux. Quelques-unes étaient munies de lianes ou de verges, qu'elles tenaient en les pointant en dehors du rang, des deux côtés. D'autres avaient des casse-tête ou des massues recourbées sur lesquels elles s'apuyaient, en se penchant en avant, à mesure qu'elles approchaient. Autour des chevilles de chacune étaient enroulés plusieurs chapelets de coquillages d'à peu près la grosseur d'un marron d'Inde, au nombre d'une ou deux vingtaines par chapelet. Les quatre femmes qui contenaient la bande, marchaient à reculons. Elles tenaient à la main chacune un bout de bambou de 15 pouces de long faisant tambour. Elles en sonnaient avec précision. Les autres femmes tapaient la terre du pied simultanément, ce qui produisait un bruit sourd de cloche. Elles avançaient, en agissant ainsi, mètre par mètre environ ; puis, sans changer de position, se

mouvaient en arrière d'environ deux pieds, puis continuaient ce manège qui les portait en avant à raison
de cent mètres à l'heure... »

Les naturels de Santo sont cannibales et excessivement farouches. Ceux de ·la côte ouest, qui
ont été fréquemment en contact avec les Blancs, sont
plus pacifiques et disposés à trafiquer. Mais à l'est et
à l'intérieur où ils ont rarement rencontré des étrangers, ils ne sont pas aussi facilement amicaux.

En 1861, le L. M. S. débarqua des teachers au cap
Lisburn. Des femmes les accompagnaient. Ils furent
mis sous la protection de Méli, chef principal de cette
région. Mais diverses maladies ne tardèrent pas à les
emporter tous. En 1868, le *Dayspring* revint avec le
Dr. Geddie. On apprit, à bord, que des recruteurs
avaient enlevé des indigènes. Ceux-ci se montraient
très craintifs, et il fut impossible d'envisager le réta-
blissement de la mission. Comme le Rev. J. D. Gordon, d'Erromango, avait appris un peu la langue du
pays avec deux indigènes de Santo, il s'offrit pour
aller y passer les mois d'hiver l'année suivante. Les
dames de la *New Hebrides Missionnary Association*
de Sydney, qui envoient annuellement des habits et
des matériaux dans les îles aux missionnaires, pour-
vurent le Rev. Gordon d'une tente et de tout ce dont

il pourrait avoir besoin pour sa nouvelle entreprise.
Il s'embarqua sur le navire des Missions en temps
voulu avec le Rev. J. Q. Paton qui fut désigné par le
Comité des missions pour l'accompagner. Il débarqua
seul à la partie nord de la côte ouest, dans un endroit
appelé Nogagu. Le chef du district lui fit bon accueil.
Tout de suite il lui vendit un morceau de terrain pour
sa mission à 150 pieds au-dessus de la mer. Les
naturels l'aidèrent à débrousser. L'équipage eut vite
fait de planter la tente, et le navire partit pour ne
revenir que quatre mois plus tard. Dès le lendemain,
le Rev. Gordon se mit en devoir de rassembler les
jeunes gens pour les instruire. Il en vint une centaine,
mais très irrégulièrement. Quelques-uns apprirent assez
vite à lire et à chanter. Le missionnaire se mit aussi à
voyager. En général, on le recevait bien partout. Les sauvages examinaient sa peau blanche avec beaucoup de
curiosité, relevant parfois les jambes de son pantalon
jusqu'au-dessus du genou pour se rendre compte. Et
c'étaient des exclamations ! Dans chaque endroit nouveau, les hommes lui demandaient de la part des
femmes d'entr'ouvrir sa chemise afin de satisfaire la
curiosité qu'elles avaient de voir la couleur de sa poitrine. En novembre, lorsque le navire revint pour
l'emmener, tous les naturels étaient très peinés de se

séparer de lui. Les femmes se mirent à pleurer comme elles pleurent pour leurs morts ; et elles promirent de faire une plantation pour l'hiver suivant. Le Rev. P. Milne et sa femme se trouvaient sur le navire de la Mission, et comme ces gens n'avaient jamais vu de femme blanche, Mrs Milne fut l'objet d'un intérêt extraordinaire. En juillet 1871, le Rev. J. Goodwill débarqua au cap Lisburn pour y fonder une mission. Sa femme et un bébé l'acccompagnaient. Les officiers et l'équipage du *Dayspring* les aidèrent à construire leur maison. En décembre, le *Dayspring* reparut. Mrs Goodwill était fort souffrante. La veille, les sauvages avaient saisi, trente milles plus au nord, le *Wild Duck*, bateau recruteur dont ils avaient tué et mangé l'équipage. Quelques mois après, le *Rosario* vint faire une enquête, mais le commandant Markham ne put rien débrouiller. En 1873, la situation était devenue mauvaise. Les Goodwill n'avaient plus un seul domestique. Madame était obligée de traire elle-même ses vaches pour donner à boire à son baby. Le Révérend renvoya sa femme. Quelque temps après, les naturels vinrent pour le voler. Il réussit à échapper à leurs flèches et aux pierres qu'ils lançaient dans la maison même. Voyant cela, il ouvrit le feu contre les assaillants avec son révolver. Ils étaient trente-

deux, menés comme toujours par un énergumène.
Saisis de frayeur, après un moment d'hésitation, les
sauvages prirent la fuite. Les Canaques amis arrivèrent pour défendre le missionnaire et leur propre
vie contre ces *men bush* qui venaient de massacrer
tous les habitants de deux villages voisins. Deux
jours après l'attaque de la mission, le chef ami aidé
de ses gens en tua cinq, dont les corps furent parta-
gés entre divers villages pour agrémenter la célébration de leur victoire. Ayant appris ce qui s'était passé,
le Rev. Goodwill voulut leur faire des remontrances,
mais ils lui répondirent : « C'étaient vos ennemis. Ils
ont essayé de vous tuer et de piller votre magasin.
Ils ont voulu vous voler, ont cassé vos fenêtres, vos
meubles, votre vaisselle. C'est assez pour qu'ils
méritent d'être tués et mangés. »

*
* *

La baie de Saint-Philippe est large et magnifique,
la plus vaste du groupe. Le contraste entre les deux
côtés de ce véritable golfe est frappant. L'occidental
a l'aspect d'une haute chaîne volcanique dentelée ;
l'oriental, d'un plateau s'élevant à une hauteur considérable par degrés successifs et évidemment de for-

mation coraligène. Au centre est la rivière le Jourdain, nommée par Queiros. C'était sur ses bords qu'il
voulait fonder la Nouvelle Jérusalem.

Les naturels des environs s'habillent un peu diffé-
remment que dans les autres parties de l'île. Ils
portent, juste au-dessus de la hanche, une bûche de
bois semblable à un petit canot affiné aux deux extrémités, auquel est attachée une petite natte venant
former rideau devant les parties génitales. Ils ont
autour des reins une curieuse ceinture de deux ou
trois pouces d'épaisseur qui prend la figure d'un
cercle très étroit. Avant de savoir comment elle a
été faite il est impossible de s'imaginer de quelle
façon on l'a mise en place. Elle semble provenir d'une
plante grimpante. Enroulée plusieurs fois autour du
corps, cette liane a encore l'aspect d'une lanière
étroite de cuir épais et forme comme une roue. Les
femmes sont dans un état de nudité presque complet
et, ainsi que dans le sud de Mallicolo, elles ont en
moins les deux incisives, ce qui leur donne une apparence très enfantine. La plupart des femmes et des
hommes se teignent le nez en rouge, et beaucoup ont
le septum percé. Leurs cheveux sont teints en jaune
clair. Un morceau de cristal de roche ou de feldspath
est passé au travers de la cloison nasale en guise de
bijou.

Surakatu : Cours supérieur.

Tous ont plutôt grand air. Ils sont nombreux. En remontant la rivière, qui a beaucoup de petits affluents, les officiers du *Dayspring* rencontrèrent un sauvage qui essaya de leur vendre une femme.

Les sauvages suivirent curieusement les promeneurs qui leur parlèrent. On les reçut bien partout.

L'éléphantiasis sévit dans cette région. Une femme, très curieuse, l'avait aux deux jambes. Elle portait, attaché à ses épaules, un sac orné d'un nombre immense de coquillages (*cowire*) qui s'entre-choquaient étrangement quand elle marchait. Évidemment c'était une personne d'un certain rang.

*
* *

M. Louis Griffon et deux Français installés au canal du Segond ont traversé Santo du nord au sud et vice versa. Cette traversée ayant duré quatre mois, leurs impressions ne pouvaient manquer d'être intéressantes. A environ 45 kilomètres de Luganville, après des montées et des descentes continuelles par des sentes à peine frayées, ils arrivèrent dans la tribu assez importante de Tahiabo. Au cours de ces deux journées fatigantes, il leur avait fallu franchir plu-

sieurs fois les deux rivières Sarakata et Belchiff (r.
Renée) ainsi que de nombreux ruisseaux tributaires.
La marche en forêt sous les banians énormes, les
cocotiers plantureux perdus sous les lianes, parmi l'air
chaud, humide, jamais ensoleillé et nauséabond des
sous-bois, est extrêmement pénible. On enfonce parfois jusqu'à mi-jambe dans les détritus végétaux
dont les couches se sont superposées sans nombre,
et pourrissent successivement depuis des milliers
d'années. Les jardins canaques sont très bien entretenus, et leur importance donne à penser que l'esti-
mation de la population d'Espiritu Santo est au-dessous de la vérité. Au delà de ce district, la nature
change d'aspect, et après avoir franchi une petite
brousse très dense on débouche dans d'immenses
plaines verdoyantes et régulières qui s'étendent vers
le nord-ouest à perte de vue.

Quoique bien arrosée par de nombreux cours d'eau
et complètement indemne de la brousse malencontreuse
qui borde les côtes et avec laquelle les colons sont
obligés de lutter, ces magnifiques terrains ne pourront
sans doute pas être mis en valeur d'ici longtemps
par suite du manque de communications avec la mer.
Ici, pourtant, mieux que partout ailleurs, écrit M.
Louis Griffon, l'exploitation en grand des riches cul-

tures tropicales réussirait merveilleusement, L'élevage pourrait aussi s'y faire avec de grandes chances de succès, car les sécheresses et les sauterelles (qui désolent l'Australie et la Nouvelle-Calédonie) sont complètement inconnues ici.

En outre, la main-d'œuvre nécessaire à ces grandes exploitations serait toute trouvée sur place, car les indigènes de l'intérieur, qui ne tiennent guère à quitter leur île pour aller travailler chez les Blancs (en étant d'ailleurs empêchés par l'état de guerre permanent qui règne avec les tribus de la côte), trouveraient là, en rémunération de leur travail, les produits manufacturés dont ils ont besoin, tels que cotonnades, tabac, allumettes, cartouches, etc., etc., toutes choses dont ils aiment à faire grande consommation et dont ils sont presque privés actuellement par suite de l'isolement où ils se trouvent.

Quoiqu'ils ne puissent cacher les sentiments de crainte que les Blancs leur inspirent, les indigènes de toute la partie centrale et méridionale de l'île pratiquent largement l'hospitalité. Mais, en pénétrant dans le massif montagneux septentrional, le caractère des naturels de ces parages change complètement. La douceur et la crainte ne sont plus précisément leurs vertus dominantes. Ils sont volontiers

arrogants et menaçants envers les Blancs de passage.
C'est ainsi qu'au cours de notre traversée de Santo,
les indigènes de cette région, encouragés sans doute
par notre petit nombre (trois Blancs et quatre Canaques)
refusèrent de nous fournir des guides, et tentèrent
même plusieurs fois de nous voler. Pour pouvoir continuer notre route, et calmer leur arrogance, il nous
fallut faire preuve d'une attitude énergique et leur
montrer les effets que nous pouvions obtenir avec nos
armes à répétition. Malgré cela, à notre retour, l'hostilité de ces sauvages fut tellement forte que nous
avons été obligés (pour éviter toute effusion de sang)
d'accomplir un énorme crochet dans l'ouest. Deux
grandes journées de marche exténuante sont nécessaires pour traverser le massif montagneux et arriver
à la baie Saint-Philippe.

La vaste plaine formée par le torrentueux Jourdain
est en majeure partie marécageuse. Elle conviendrait
admirablement à la culture du riz, qui pourrait se
faire sans grande dépense de main-d'œuvre.

Bien que cette île avec sa population restreinte (que
j'évalue de 10 à 12.000 individus) ne puisse fournir
une main-d'œuvre très considérable, sa situation géographique magnifique, son climat très sain, ses ports
naturels, nombreux et sûrs, l'étendue énorme de ses

terrains vierges excellents pour la culture et l'élevage l'appellent certainement à une situation prépondérante, et peu d'années suffiront pour faire de l'île Espiritu Santo le grand centre commercial et agricole de l'Archipel. »

ILE TU TU BA ou SETOVI
(80 habitants).

Plate et de petite dimension, cette île forme l'entrée du canal du Segond, à l'est. La réputation des habitants est déplorable, à notre point de vue moral, les hommes se faisant une joie et un honneur d'offrir leurs femmes et leurs filles aux rares Blancs qui abordent Tu tu ba. La végétation y est très pauvre en cocotiers, et aucune trace de village ne s'aperçoit dans la brousse. Mais sur le côté sud on verra longtemps l'épave du paquebot *Mambare*, de la maison Burns Philp & C°, qui s'est arrêté sur les récifs par une nuit pluvieuse.

AORÉ
(10.500 hectares ; 500 habitants ?).

Située à l'ouest de Tu tu ba, cette île en est séparée par un canal praticable aux grands navires, quoi-

que coupée en deux chenaux par un petit îlot très
boisé. Aoré est presque plate, avec quelques pentes
favorables à la culture. Nos compatriotes ont commencé à la défricher, et c'est là que s'est fixé le capitaine Briault, dont la propriété, de très belle apparence, s'aperçoit au fond d'une baie de la côte est.

Le canal du Bruat ou Wawa est compris entre la
côte sud de l'île Aoré et la côte nord de l'île Malo.
Il a une longueur coudée de 5 milles et une largeur
variant de 1 mille 1/2 à 2 encablures 1/2 dans sa
partie la plus étroite.

On y trouve Port-Lautour, un mouillage très fréquenté par les goélettes des îles. Elles peuvent s'y
livrer en toute sécurité à des travaux de réparation
ou de carénage.

Dans le canal de Bruat la navigation est parfois
périlleuse. Par exemple, il n'est pas prudent d'entrer
à contre-marée aux vives eaux. Les remous du courant y sont si violents qu'un navire aurait beaucoup
de peine à se maintenir dans la passe, attendu que
le jusant peut y avoir des vitesses de 5 et 6 nœuds
à l'heure au sud de l'île Ratua et sur toute la largeur
du chenal. Des Anglais ont fondé au sud de l'île,
sur les bords mêmes du canal, quelques plantations
prospères.

ILE MALO ou St-BARTHÈLÈMY
(20.300 hectares ; 600 habitants[1]).

A Malo, la terre se présente sous la forme d'un
plateau élevé, dominé par un pic et deux autres sommets formant une selle. L'île est encore assez peuplée. Elle est très boisée. Des colons français et anglais
s'y sont fixés sur les bords du canal. Les recruteurs
fréquentent beaucoup le canal du Bruat où, grâce à
sa forme coudée, ils peuvent trouver un abri par
mauvais temps.

Cette île fut aperçue par Bougainville, cinglant
vers l'ouest, au nord de Mallicolo. Il n'est pas sûr
que le navigateur français se soit aperçu de son insularité. Mais Cook, qui découvrit son nom indigène,
en fit le relevé. On sait fort peu de choses sur les
mœurs de ses habitants et même sur leur nombre.
En août 1878, elle fut visitée par le *Dayspring*. Le
journal de bord porte quelques observations intéressantes : « Malo est le nom donné par les naturels
à cette île. Le sol est plat et de formation corraligène
auprès de la mer, avec un noyau de provenance volcanique. La terre y est riche, mais la végétation assez
peu variée. Les sauvages furent amicaux avec l'équi-

1. Il y a vingt ans, Macdonald affirme qu'il y en avait 800.

page et les missionnaires. Aucun ne portait d'armes. La race n'est pas jolie. Les hommes ont la taille entourée par une ceinture faite de petite corde très travaillée ; l'étui habituel qui enveloppe leur membre viril y est suspendu. L'habillement des femmes est si réduit qu'on ne le distingue pas tout d'abord. Ces sauvages font de très grandes cuisines, qui consistent en deux faces de toit en feuilles de cocotier posées à même sur le sol. Les deux extrémités ne portent pas de cloison. L'une de ces cases rudimentaires avait 50 pieds de long et contenait neuf foyers. Le chef était assis d'un côté fabriquant son kava, chose qui ne se fait jamais dans les îles du Sud qu'au coucher du soleil. Plusieurs villages furent visités. Aucun Canaque ne comprenait l'anglais. La population paraissait dense et les enfants étaient nombreux. »

ILES BANKS

(79.400 hectares ; 3.500 habitants ?).

Ces îles occupent un espace de 126 milles du S.-E. au N.-O. sur 75 milles de largeur du nord au sud.

Elles ne peuvent être considérées que comme la continuation de l'archipel des Nouvelles-Hébrides. Découvertes par Quieros en 1606, Bligh, le fameux capi-

Sarakata : Cours moyen.

taine du *Bounty*, abandonné en pleine mer, par son équipage révolté contre sa tyrannie, les retrouva en 1789.

Nature cruelle, mais excellent marin, Bligh fit route des eaux de Tonga vers le détroit de Torrès. Il relâcha aux Banks avec la chaloupe et les dix-huit matelots débarqués à sa suite. Il constate que les îles étaient fertiles et très peuplées. Le capitaine Hunter les visita en 1835 et 1838, et Dumont d'Urville, en les traversant, découvrit une nouvelle île à laquelle il donna le nom de Claire.

Les naturels des Banks ressemblent aux Canaques qui occupent les îles nord du grand archipel néo-hébridais. Les deux grandes îles principales sont Santa-Maria et Vanua Lava. Presque toutes ces terres sont hautes, montagneuses et d'origine volcanique. La température moyenne y est un peu supérieure à celle des Nouvelles-Hébrides et doit sans doute y atteindre 29° C. Le régime des vents est aussi l'alizé du S.-E. ; mais les Banks n'ont que rarement à souffrir des cyclones.

Les naturels de Santa-Maria sont très hostiles aux Blancs et on doit toujours se tenir sur ses gardes quand on entre en relations avec eux.

Vanua Lava est la plus importante du groupe (15

milles de longueur N. et S. sur 10 milles de largeur E. et O.) non tant à cause de ses dimensions que parce qu'elle serait le siège d'une soufrière que M. Higginson avait l'intention d'exploiter. C'est à cet effet que s'était formée, en 1900, la *Société française des soufrières de Vanua Lava*, au capital de 1 million de francs. (En 1904, les Américains ont envoyé un ingénieur reconnaître l'importance économique de ces îles. Une certaine société aurait volontiers pris la suite de cette filiale de la S.F.N.H.)

Vanua-Lava est formée de montagnes arrondies, dont la plus haute, le mont Suretamiti, atteint 855 mètres. On y trouve beaucoup de sources d'eau chaude, dont plusieurs lancent constamment des jets de vapeur. Un ruisseau sulfureux coule sur le flanc N.-O., tandis qu'un autre va se jeter à l'est dans le port Patteson. A proprement parler, ce port n'est qu'une baie peu échancrée, mais elle est abritée des vents du sud par une langue de terre qui se prolonge assez loin au large pour faire de la crique Nusa le meilleur mouillage de Vanua Lava.

L'île Bligh, ou *Urepara-para* offre un spécimen remarquable de cratère éteint. Elle contient un bassin central, qui communique avec la mer par une ouverture située à la partie est. Les bords du bassin descendent à pic du sommet. Il y a assez de fond à l'entrée de cette cuvette volcanique, mais des bancs gisent à l'intérieur, qui la rendent impraticable aux navires. Du reste la mer de l'alizé y entre et ce serait un mauvais abri.

Toutes les îles sont couvertes de forêts vierges. On y trouve à profusion les bois précieux : santal, bois de rose, palissandre, ébène moucheté, acajou, érable, chêne tigré et différentes variétés de latex d'où on tire un caoutchouc très estimé.

Tous les arbres à fruits de la région équatoriale y poussent à merveille. Le sol n'y est pas moins fertile qu'aux Nouvelles-Hébrides. Dès leur première année, le cacaoyer, le vanillier et l'oranger donnent des résultats.

Quelques Blancs y sont fixés, exploitant la nacre, le caoutchouc, la biche de mer et le coprah. Ils sont sans grands moyens d'action. Les Américains ont certainement l'œil sur ces îles ; mais elles ont aussi attiré l'attention des Français. Dans le courant de 1905, un syndicat s'est formé à Paris en vue de l'exploitation forestière et de la culture du cacao aux Banks, et un premier groupe de pionniers ayant à sa tête M. le vicomte de La Villarmois accomplit actuellement sur place les études nécessaires avant de commencer une exploitation à laquelle il faut souhaiter le succès.

Les pocas ne sont pas si abondants aux Banks qu'aux Nouvelles-Hébrides.

GROUPE DES ILES TORRÈS.

(13.200 hectares ; 2.000 habitants).

Limité par le 13e degré de latitude sud, le groupe des Torrès se compose de cinq îles semées sur la mer, dans une direction N.-E. et S.-O.

Quoique hautes, ce sont des terres coralligènes. Quelques-unes ont des sommets plats ; d'autres s'élèvent en terrasses et prennent quelquefois le profil de collines pointues. L'île Hiw, ou du Nord, présente cet aspect, et sa hauteur est de 365 mètres, tandis que l'île du Sud ou Toga, toute plate, n'a pas plus de 180 mètres d'élévation.

Les îles de la Selle, ou Lo, du Milieu, ou Tegua, et l'île Ovale n'offrent rien de particulier.

Les naturels de la Selle sont assez nombreux. Ils sont doux et serviables, d'après les missionnaires anglais ; mais leurs villages offrent peu de ressources comme approvisionnements. Ils fabriquent de bons arcs ainsi que des flèches. Dans l'île du Milieu, les sauvages ont paru turbulents aux marins du *Southern*

Gross et du *Basilik*. Ils étaient défiants et difficiles
à approcher. « Quelques-uns s'avançaient avec prudence, tandis que beaucoup restaient cachés dans
la brousse, tout prêt à se servir de leurs arcs et de
leurs flèches, qui paraissent bien faites et dange-
geuses. »

Les recruteurs des Nouvelles-Hébrides poussent
fréquemment jusqu'aux Banks et aux Torrès. Les
deux groupes sont également visités par la ligne
mensuelle de steamers de la firme australienne Burns
Philp et Co qui y troquent des articles de traite contre
du coprah.

NOTES SUCCINCTES

Climatologie. — Certains voyageurs ont dénigré
comme à plaisir le climat des Nouvelles-Hébrides.
La vérité est que ces îles sont beaucoup plus saines
que la plupart des colonies situées sous la même latitude. La fièvre paludéenne s'est déjà beaucoup amen-
dée par suite des défrichements, et c'est la seule
maladie endémique. Les natures équilibrées et saines
s'adaptent rapidement au milieu. La santé des vieux
colons fixés dans l'Archipel depuis plus de vingt ans
au moins et celle de leurs enfants sont la meilleure
des preuves qu'on peut vivre aux Nouvelles-Hébrides
sans dégénérer, sans abréger ses jours, du moment
où on a la force de volonté nécessaire pour ne pas se
départir des règles d'hygiène à suivre dans les régions
tropicales. On peut affirmer que les décès attribués à
l'influence du climat sont très rares. Évidemment,
le séjour des Hébrides présente les inconvénients de
tous les pays voisins de l'équateur. Cependant, la
plaie des moustiques y est moins insupportable qu'en

Nouvelle-Calédonie. Les accès pernicieux, si fréquents dans nos colonies africaines, indo-chinoises, et même à Madagascar, sont à peu près inconnus aux Nouvelles-Hébrides.

Il y fait très chaud, naturellement, pendant cinq mois de l'année ; mais il arrive aux colons d'avoir à se plaindre de la fraîcheur. En 1905, par exemple, il a fait très froid pour cette latitude. Depuis le 20 juin, la température s'est abaissée toutes les nuits jusqu'à 10° C. Habitués à des températures plus élevées, les colons ont dû faire du feu. Il est vrai que cela n'arrive pas tous les ans. D'avril à octobre en général, s'il fait un peu chaud le jour, les nuits sont idéales, avec une moyenne de 20°. De novembre à mars, la température monte jusqu'à 27 et 28°, l'état hygrométrique devient trop chargé et de grandes pluies sont fréquentes. Avec la saison dite humide, les ouragans sont susceptibles de dévaster les îles, celles du Sud surtout. Cependant les cyclones sont relativement rares. On n'a pas encore de données exactes sur leur marche. Ceux des mois de janvier et de février sont les plus à craindre. La tempête commence généralement à l'est et fait le tour de compas par le nord. Les rafales peuvent détruire les arbres, renverser les huttes, détériorer les maisons et causer un grand dommage aux plantations les mieux abritées. Mais il est certain que les colons néo-hébridais n'ont pas plus de mauvaises chances contre eux à cet égard que nos fermiers français.

En temps ordinaire, les fluctuations barométriques sont très faibles. Règle générale, le baromètre est haut ou monte avec les vents de la partie sud (pôle élevé) et baisse avec ceux de la partie nord (pôle abaissé). Les sécheresses sont beaucoup plus rares aux Nouvelles-Hébrides qu'en Nouvelle-Calédonie et qu'en Australie. L'Archipel présente plutôt l'inconvénient contraire, ainsi que le proclame la splendeur de la végétation sauvage.

Les vents généraux soufflent du S.-E. à l'E.-S.-E., quelquefois des brises très fraîches. L'alizé s'infléchit en suivant les côtes ; et, sous le vent des îles, il règne un calme de mer parfait avec des brises faibles de diverses directions qui tournent au calme la nuit, quand un souffle venu de terre ne s'établit pas. Le plus grand ennemi de l'Européen dans les îles est le soleil. Le casque est de rigueur pendant le jour toute l'année, si on veut ne courir aucun risque. Cependant, la plupart des colons se contentent de porter des feutres gris à larges bords, coiffure beaucoup plus élégante, qui donne le chic du planteur et

La Sarakata : Embouchure.

est en même temps, plus pratique au point de vue de
l'hygiène. Les hommes d'expérience déconseillent
absolument l'usage des bains de mer et surtout de
rivières, voire même les douches. La propreté corpo-
relle doit être assurée fréquemment et vivement au
moyen d'une serviette ou d'une éponge. Avec un
régime alimentaire approprié aux saisons et une habitation confortable, il suffit de prendre deux ou trois
fois par semaine, pendant les chaleurs, o gr. 25 de
quinine à titre préventif pour limiter les attaques du
paludisme à des manifestations anodines.

Plus on remonte vers l'équateur, plus l'acclimate-
ment est délicat et doit être suivi avec méthode et
persévérance.

La vie est beaucoup plus pénible pour le Blanc en
Nouvelle-Guinée et dans les îles Salomon, situées au
delà de 10° vers l'équateur ; c'est peut-être pour cela
que l'archipel des Nouvelles-Hébrides est appelé par
les Australiens la Perle du Pacifique.

Flore. — Toutes les îles de l'Archipel développent
un sol d'une fertilité extraordinaire. Les plaines sont
ordinairement occupées par la jungle et les bords des
rivières par le palétuvier. La forêt vierge, qui comporte une grande variété d'espèces non encore cata-
loguées, déploie ses splendeurs jusque sur les plus

hauts sommets. Les essences précieuses y sont nombreuses. Le santal, cependant, paraît presque épuisé ; mais les arbres propices au charpentage, à la menuiserie, à la construction, à l'ébénisterie s'y rencontrent en quantité. Citons entre autres : le chêne tigré, le colm, le gaïac, le tamanou, le bois de rose, le bourao, le milnéa, le bois de fer ou casuorina, le teck, etc.

Il est probable que la flore indigène compte plus d'un millier d'espèces de plantes à fleurs, et plus de deux cents variétés de fougères ou d'alliées (lycopodiums et selaginellas). Les fougères abondent partout, du bord de la mer aux plus hauts sommets. Il y en a de toutes tailles, depuis l'impalpable *hymenophyllum* jusqu'au gigantesque *alsophila* dont le tronc atteint fréquemment 50 pieds de haut.

Les pentes exposées au souffle salé de l'alizé sont d'un aspect beaucoup moins riche, et, à certains moments, la végétation voisine du rivage y est comme brûlée par les vents marins. Au contraire, sous le vent, il y a peu de différence dans l'opulence des paysages d'un bout de l'année à l'autre. C'est le printemps perpétuel pour la verdure. Les palmes et les fougères, les bouquets élancés des bambous dominent de leurs plumets tendres et frémissants la masse sombre des ramures plus robustes, à l'ombre desquelles se développent les orchidées aériennes.

Les banians prennent ici des proportions imposantes. Il y en a de plusieurs espèces ; mais le banian ficus, dont la sève coagulée donne un excellent caoutchouc, semble être assez rare. Le pandanus qui fournit aux sauvages des pommes d'une saveur douceâtre ; le citronnier, l'arbre à pain, le papayer, la canne à sucre, le cédrat, l'oranger, le pamplemousse, une espèce d'amandier, le marronnier mélanésien et surtout le bananier, entrent pour une bonne part dans l'alimentation indigène. Le palmier y montre quelques variétés : la pomme d'ivoire, l'aréquier dont le fruit est porté par le stipe au-dessous du panache des feuilles. Les fougères arborescentes ont des dimensions incroyables.

Au sous-sol, l'indigène demande la précieuse igname, le taro, la patate douce, le manioc qui sont cultivés avec un art consommé par les Canaques.

Pour couronner cette série, dont nous n'énonçons que les principaux sujets, nous avons réservé le cocotier, cet arbre merveilleux qui, pour les peuplades primitives des pays chauds, supplée à peu près à toutes les productions de la nature et fournit à l'homme tout ce qui lui est nécessaire pour subsister : aliments, habitations, vêtements, ustensiles de cuisine, les armes mêmes !

Maïs. — L'arrivée des Blancs a déjà enrichi considérablement la flore primitive. Nous ne parlerons pas des plantes d'agrément. Mais l'introduction du maïs a été un nouvel appoint à l'alimentation des naturels et surtout une source de profit pour les colons, dont les plantations riches sont basées sur cette culture, qui donne la possibilité d'attendre en faisant face aux frais généraux et en permettant de vivre.

Aidé de trois Canaques, s'il sait les diriger, tout colon peut défricher 4 hectares en cinq mois ; les difficultés du débroussage changent avec l'exposition, et ce chiffre ne correspond qu'à une moyenne. Très réelles par endroits, ces difficultés sont presque supprimées quand on atteint les terres meubles. Il est donc facile de planter à mesure par quart d'hectare, de sorte que, quand le quatrième hectare est débroussé et ensemencé, le premier est en rapport, ce produit se sème et se récolte en toute saison.

Aux Nouvelles-Hébrides on peut moissonner deux ou trois fois l'an sur le même terrain, ou plus exactement cinq fois en deux ans sans fumer. Le rendement moyen à l'hectare est de 2 à 3 1/2 tonnes. Bon an mal an, la tonne rapporte net au colon de 70 à 75 fr., quelquefois beaucoup plus si les récoltes ont été faibles en Nouvelle-Calédonie. Malheureusement des

Opérations commerciales au crépuscule. Débarquement d'un ballot
de sacs pour le coprah à Ambrym.

tarifs prohibitifs ont privé les Nouvelles-Hébrides de leur principal débouché, l'Australie, et malgré la détaxe dont jouissent les produits hébridais dans les colonies françaises, vu la période de régression par laquelle passe actuellement la Nouvelle-Calédonie, l'écoulement du maïs des îles n'a plus les mêmes perspectives que par le passé.

Haricots. — Les légumes d'Europe viennent dans toutes les îles. Les haricots y donneraient certainement le même rendement qu'en Nouvelle-Calédonie où l'on obtient deux récoltes par an à 2 tonnes l'hectare ; mais on ne peut compter sur un succès constant à cause de l'humidité très grande aux Nouvelles-Hébrides, aussi les colons se contentent-ils d'en planter pour leur nourriture et celle de leur personnel seulement.

Cocotier. — La principale culture de fond, celle qui assure le plus facilement les revenus les plus réguliers, est celle du cocotier. Elle n'exige pas de soins particuliers. L'essentiel est de laisser à chaque pied une bonne part de terre nourricière et pour cela il suffit de maintenir la distance voulue entre chaque arbre, au début. On compte généralement 168 cocotiers à l'hectare. Une fois faites les séparations résultant de la semence, on double en vue du déchet de la plantation. Les grands ennemis du cocotier sont les rats. Les dommages qu'ils causent en perçant les jeunes noix de coco pour boire ou manger le contenu sont considérables, et on n'a pas encore trouvé de remède à ce fléau. Le cocotier ne commence à donner des fruits qu'à l'âge de sept ou huit ans et n'est en rapport qu'à dix ans. Mais il a l'avantage de durer longtemps. D'abord, le rendement annuel moyen ne dépasse pas 40 à 50 fruits par arbre. Mais lorsqu'il est en plein rapport, sur une cocoterie de 10.000 pieds on peut compter sur 250 à 300 fruits en moyenne par an. Dix noix faisant à peu près 1 kgr. de coprah à Vaté (en Nouvelle-Calédonie il en faut 12, tandis qu'à Ambrym 7 à 8 font leur kgr.), une pareille pla nta tion, au prix actuel où cette denrée est payée sur place, produirait donc théoriquement : 250.000 ou 300.000 × 250 = 62.500 ou 75.000 fr. En déduisant de ce chiffre les frais de cueillette, de séchage, de mise en sacs, l'agio du troc si préjudiciable jusqu'ici aux colons et aux coprahmakers, les dépenses d'entretien et personnelles, l'intérêt du capital investi, on compte qu'il reste net entre les mains du producteur environ 2 fr. par pied de cocotier en plein rapport. C'est un joli revenu et de tout repos, car les cocotiers deviennent facilement centenaires et on en a vu beaucoup de cet âge qui fournissaient encore leurs 2 ou 300 fruits par an.

Les débouchés pour le coprah augmentent constamment et on ne peut prévoir une époque faisant craindre la mévente. Pour longtemps, la loi de l'offre et de la demande jouera encore dans le Pacifique en faveur du producteur de coprah[1].

On fabriquera certainement un jour, aux Nouvelles-Hébrides, l'huile provenant de la noix du cocotier. Jusqu'ici on se borne à la préparer pour être livrée dans les ports munis de l'outillage nécessaire à sa transformation. Pour cela, débarrassés de leur bourre extérieure, les fruits sont fragmentés pour faciliter la dessiccation. Quelquefois le soleil est seul chargé d'amener la noix au point de siccité voulu. Cette méthode donne le coprah blanc, supérieur à celui provenant de la dessiccation artificielle qui se fait dans des sortes d'étuve appelées « smoke house », d'où la noix sort boucanée et mal odorante. Ce dernier procédé assurant une économie de temps et une ponctualité absolue dans la livraison, il est le plus généralement employé. Le coprah se détache de lui-même de sa coque en se raccornissant sous l'effet de l'air chaud. Refroidi, il est dûment fragmenté, et

---

1. La tonne s'est payée jusqu'à 390 francs dans le courant de 1906, chiffre inconnu jusqu'ici.

emmagasiné dans des paillotes en attendant sa mise
en sacs pour l'embarquement.

Caféier. — Le produit le plus important aux Nouvelles-Hébrides après le maïs et le coprah est le café.
Cette culture est beaucoup plus délicate que les deux
premières et moins avantageuse qu'on est porté à le
croire, par suite des frais de main-d'œuvre considérables qu'elle nécessite. Cela a été la pierre d'achop-
pement de l'ancienne S.F.N.H. Cependant, bon
nombre de colons s'y sont adonnés et en tirent de
forts bénéfices. L'expérience prouve, qu'à l'encontre
de ce qui se passe en Nouvelle-Calédonie, cette culture
est toujours rémunératrice pour un émigrant qui sait
la limiter à de justes proportions.

Ici, les règles à observer sont plus fixes pour la
distance entre les pieds. Les jeunes plants doivent
être entourés des soins les plus minutieux et la propreté la plus nette est de rigueur dans les caféeries.
Le terrain doit être l'objet d'un choix scrupuleux. Il
est nécessaire de le garnir de variétés d'arbres susceptibles de maintenir l'ombre, la fraîcheur, et de tempé-
rer l'action des rayons solaires sur le précieux arbuste.
Le meilleur abri est donné par une sorte d'acacia com-
munément appelé « bois noir ». Le plus souvent, le

colon se contente d'abord, en débroussant, de se servir. de la forêt primitive qu'il abat et élague selon les
nécessités de l'exposition.

Le caféier a sur le cocotier un désavantage : il
dure moins longtemps ; mais, en revanche, il est
d'un rapport plus rapide. Il donne, en outre, la possibilité de placer cinq ou six fois plus de caféiers que
de cocotiers sur un terrain de mêmes dimensions
(Davillé).

Aux Nouvelles-Hébrides, le caféier commence à
produire la troisième année ; à cinq ans, il est en plein
rapport et cela pour une durée qui ne dépasse guère
vingt-cinq ans. La cueillette se fait en juin et juillet
dans l'île Vaté. A Mallicolo, elle est de durée variable,
comme pour les îles situées plus près de l'Équateur,
et va de février en août. A Espiritu-Santo, on commence en janvier pour finir en juillet. Comme pour
le coco, les cerises du café sont de préférence séchées
dans une étuve construite d'après le type empirique
créé aux Nouvelles-Hébrides.

Un caféier de cinq ans donne 500 gr. de café prêt
à être mis en sac. Comme les producteurs vendent
ordinairement sur place à raison de 2 fr. le kilo, cela
fait un rapport annuel brut de 1 fr. par pied. On doit
appliquer à ce prix 50 0/0 de frais de toute sorte, ce qui

réduit pour chaque pied le rapport à 0 fr. 50 net :
soit 1000 francs par hectare.

Depuis que la loi du 30 juillet 1901 a assuré à nos
planteurs le bénéfice de la détaxe coloniale à l'entrée
de leurs produits dans la métropole et les colonies
françaises, il est encore moins étonnant que du temps
du Dr Davillé, de voir tous les colons planter, dès
leur arrivée, des caféiers, dont ils suivent très soigneusement la culture.

Le café des Nouvelles-Hébrides se rapproche plus.
du Néo-Calédonien que du Bourbon ou du Moka ;
les grains sont plus petits, mais il fournit cependant
une boisson agréable au goût et d'un arome très fin.

Consommation de l'Australie : 1.200 tonnes.

Vanille. — Une culture riche, qui pourrait encore
avoir un grand avenir aux Nouvelles-Hébrides, c'est
celle de la vanille. Les boutures y commencent à
marquer dès la première année ; mais la liane n'entre
réellement en rapport qu'au bout de quatre ans. On
compte qu'une liane adulte fournit 200 gr. de gousses
vertes. Il faut cinq kilos environ de ces gousses
pour faire un kilo de gousses marchandes. Depuis
la découverte du produit chimique la vaniline, les
prix de la vanille végétale sont très variables. Mais
ils peuvent être encore suffisamment rémunérateurs

étant donné que c'est là une culture accessoire,
dont les soins délicats peuvent être confiés aux femmes
et aux enfants, tandis que les hommes s'occupent
dans la brousse.

Dix familles s'en occupent sérieusement à Vaté et
Epi.

Cacaoyers. — Les plantations de cacaoyers forment,
comme les cocotiers, une culture d'attente. Le climat
chaud et humide des Nouvelles-Hébrides convient
tout à fait à cet arbuste. L'humus profond des îles
n'est pas moins favorable au développement du
cacaoyer, dont la racine est un long pivot. On élève
les plantes en pépinières et la transplantation se fait
soigneusement dès qu'elles atteignent une hauteur
de 0 ᵐ 30.

Repiqué de cinq en cinq mètres autant que possible, comme pour le café, en des endroits abrités (et
voisins des cours d'eau si possible), le cacaoyer ne
commence à produire qu'à l'âge de cinq ans et il
n'entre en plein rapport qu'à la huitième ou à la neu-
vième année. Le rendement est très variable, il peut
aller de 500 gr. à une moyenne de 3 kg. 1/2 par
arbre. Actuellement, une douzaine de colons se
livrent avec succès à la culture du cacaoyer. Elle pour-

rait se faire sur une vaste échelle, avec les capitaux
voulus, dans l'île d'Espiritu-Santo.

Bananes. — Entre 1892 et 1898, les colons s'étaient
lancés dans la culture des bananes, par suite de la faillite
des bananeraies des îles Fidji. Cette ruine avait
obligé les grands marchés de Sydney, Melbourne et
Adélaïde à s'adresser ailleurs. Un parasite encore
inconnu dans les Nouvelles-Hébrides avait tué rapidement la plus grande partie des bananiers fidjiens.
Ils fournissaient jusqu'à 70.000 régimes par mois à
l'Australie et la Nouvelle-Zélande. Malheureusement, les résultats obtenus par nos compatriotes
n'ont pas été aussi bons et aussi durables qu'ils
l'avaient espéré. D'abord, ils n'ont pas été favorisés,
au point de vue des communications, comme les
planteurs de la colonie voisine, sur laquelle l'*Austra-
lasian Union Steam Navigation Company* avait créé
un service bi-mensuel spécial pour le transport de
ces fruits. Les frais de commission étaient aussi trop
élevés, de sorte que le plus clair des bénéfices restait
aux mains des intermédiaires. La prolongation de la
ligne postale des Messageries Maritimes permet d'espérer que cette culture, à peu près abandonnée depuis
cinq ou six ans, reprendra graduellement l'importance
suffisante pour entretenir sur Sydney un courant d'ex-

portation susceptible d'augmenter le bien-être de nos compatriotes.

Les bananes des Hébrides sont préférées, et de beaucoup, sur le marché australien, à celle du Queensland, le grand fournisseur des États du Sud depuis la conversion de tout le Commonwealth au régime protectionniste. La banane est une culture facile, mais elle exige un terrain très riche en humus, et une grande propreté ; car, à elle seule, elle appauvrit rapidement le sol.

Le bananier demande beaucoup d'humidité. Il se plante par rejetons, de 4 en 6 mètres, soit 600 à l'hectare. Au bout de huit à dix mois la plante donne son fruit. Pendant ce temps-là des rejetons ont poussé autour du pied principal. Les régimes coupés, on rase le vieux tronc devenu désormais inutile et on ne laisse pousser que deux scions. Les 600 touffes de chaque hectare représentent 1.800 pieds, soit 1.800 régimes par mois. Tous ne sont pas dans les conditions voulues pour être exportés. Il les faut sans tare et forts de 12 à 15 mains. Chaque main contient une douzaine de bananes. Les beaux régimes font donc facilement de 30 à 35 kgr.

Le colon ne doit guère compter que sur le huitième de la récolte totale pour l'exportation. Le reste peut être utilisé sur place pour la nourriture des Canaques employés sur la plantation. Ils sont très friands de ce fruit. Le bénéfice net du planteur atteindrait facilement les chiffres donnés par le Dr Davillé, savoir : 200 régimes par mois et par hectare, ce qui ferait environ 300 francs avec les prix qu'on peut obtenir actuellement.

Ce régime, vendu 0 fr. 75 sur place, est le plus haut coté sur le marché australien.

Voici en effet des prix de vente extraits de la mercuriale du *Fruit Market* de Sydney :

	sh.	sh.
Bananes de Queensland............	1, 6 à	2, 5
— Fidji	2, 6 à	3, 0
— Nouvelles-Hébrides....	3, 0 à	3, 6

Le régime rapporte aux détaillants de 6 à 8 shillings.

Banians. — Des expériences intéressantes ont été faites sur le banian, arbre très répandu dans le groupe, où il atteint, avons-nous déjà dit, des tailles gigantesques. Avec ses nombreuses racines adventives, qui retombent des branches pour former de nouveaux piliers et étendre sa domination suffisamment pour justifier le nom de *ficus prolixa* que lui ont donné les naturalistes, le banian appartient à la famille des *Urticées*. Or, les *Apocynées*, les *Euphorbiacées* et les *Urticées* constituent le groupe des végétaux producteurs de caoutchouc. Sans valoir le suc des Apocynées et surtout celui, supérieur encore, des Euphorbiacées, la sève laiteuse du banian contient une substance élastique de très bonne qualité. Le colon peut transformer sans outillage compliqué le suc recueilli dans les petits pots (les « tigelhinas » du Brésil) en plaques élastiques qu'il faut simplement soumettre à la dessiccation artificielle, ou mieux solaire, à cause de la qualité du produit, pour rendre le caoutchouc grossier ainsi obtenu capable de supporter le transport jusque sur les grands marchés industriels. Les demandes sont déjà importantes pour l'Australie ; et en attendant l'introduction systématique des euphorbiacées, les colons néo-hébridais pourraient trouver là un revenu supplémentaire qui n'est pas à dédaigner.

Tabac. — L'avenir de la culture du tabac aux Nouvelles-Hébrides est pour ainsi dire illimité. Mais pour cela il faut des capitaux, et peu de colons ont pu s'en occuper, même comme culture d'attente. Les essais tentés jusqu'ici paraissent concluants. Les graines dont la réussite a dépassé toute prévision provenaient de Delhi (Sumatra). On a aussi cultivé avec succès quelques qualités américaines (Virginie et Connecticut) et des tabacs d'Orient (latakié). On sème, en planches, sur un terrain aseptisé par le feu, et on repique au bout de trois ou quatre semaines. Quand le temps est favorable, on peut faire deux ou trois cueillettes par an sur le même pied. Il est possible d'obtenir ainsi de 12 à 1.800 kgr. à l'hectare. Réunies en manoques, les feuilles se vendent de 0.fr. 60 à 0 fr. 75 suivant la qualité. Cette culture passe pour épuiser le sol ; mais elle est à expérimenter, car elle n'exige pas, aux Nouvelles-Hébrides, le luxe de précautions dont on l'entoure presque partout.

Manioc. — Cet arbrisseau pousse à peu près sans culture dans tout le groupe ; les colons ont recours à ses racines pour nourrir leurs engagés. On en donne beaucoup aux porcs lorsqu'on veut les engraisser rapidement.

Riz. — Cette céréale viendrait certainement très bien dans les plaines de Mallicolo ou de Santo. On n'a pas encore essayé de la cultiver. Aux Fidji cette culture donne d'excellents résultats.

Coton. — Des essais de plantations de coton ont été tentés dans le temps à Tanna et à Vaté (Port-

Sauvages de Rannon (I. Ambrym).

Havannah). Une machinerie complète pour la préparation du coton fut même envoyée d'Angleterre sur ce dernier point.

Une hausse sur les cotons avait incité à tenter cette expérience dans plusieurs îles du Pacifique. Mais la qualité supérieure du produit ne pouvait compenser la différence considérable du fret, et dès que les prix redevinrent normaux, cette culture s'arrêta presque net.

L'exportation annuelle des Fidji ne dépasse pas 25.000 fr. pour cet article. Quant à la machinerie de Port-Havannah, elle fut revendue et expédiée à Paaba (Nouvelle-Calédonie), où elle a servi longtemps à faire de la bourre de coco.

Canne à sucre. — La beauté de la canne à sucre cultivée par les Canaques suffit pour persuader que le sol conviendrait parfaitement à cette culture. Dans la colonie anglaise voisine de Fidji, cette culture alimente six usines produisant du sucre identique à celui de Maurice et des Antilles.

FAUNE

Animaux. — Comme dans toutes les îles de l'Océan Pacifique, la grande faune n'a aucun représentant aux Nouvelles-Hébrides, et les plus grands quadrupèdes ont longtemps été les chiens et les cochons introduits par Cook. On a eu le bon esprit de ne pas infester le pays de cerfs comme en Nouvelle-Calédonie. Une variété de rats, très malfaisants, s'est développée dans les îles, surtout à Vaté, où elle cause de grands dommages. Ils vivent et multiplient au faîte des cocotiers dont ils détruisent à longueur d'année pour leur subsistance une grande quantité de fruits.

Parmi les animaux importés, le cheval et le bœuf sont susceptibles d'élevage à Vaté. Les moutons d'Australie ne vivraient pas dans les îles, mais la chèvre y donne d'excellents produits.

Les serpents sont assez nombreux ; quelques-uns seraient venimeux. Les Canaques en ont une véritable terreur. Cependant on ne connaît pas d'exemple d'accident causé du fait des reptiles parmi les Européens.

Pas de gros volatiles, ni de coureurs ou de grands palmipèdes dans l'archipel néo-hébridais. On y trouve seulement une grande variété d'oiseaux, qui sont une ressource appréciable d'alimentation pour les colons. Citons : des perruches par volées, des pigeons verts à tête amarante ou de la même couleur, des pigeons noirs, des notous, des roussettes (*vespertilis immensa*), des poules sultanes, des canards sauvages, des râles.

Les côtes sont forts poissonneuses, ainsi que les récifs sur lesquels les Canaques courent, à mer basse, à la recherche des crustacés, des coquillages et des poulpes, dont ils sont très friands.

Aborigènes. — En somme, on ne sait que très approximativement à combien d'individus se monte la population autochtone des Nouvelles-Hébrides, et il est impossible de fixer à quelle époque les hommes primitifs y ont fait leur apparition. Aujourd'hui on peut constater seulement que la race est très variée.

Le gros de la population indigène est groupé par tribus sur le bord de la mer, toujours la plus sûre des nourrices de l'homme dénudé. Les Canaques aiment aussi s'établir sur les deltas fertiles des rivières et le long des principales vallées. Leurs villages sont pittoresques et presque toujours ombragés par l'arbre providentiel des pays chauds, — le cocotier. La mer, le cocotier, il n'en faut pas plus aux peuplades de ces belles îles pour pourvoir à leur existence matérielle.

Assurément la race autochtone a été fortement travaillée par le sang polynésien d'un côté et par le malais de l'autre. Dans les îles du sud, les indigènes sont

uniformément petits, vigoureux, musculeux, mais de
peau noire tirant sur le brun. Dans celles du nord, au
contraire, la taille est plutôt élevée, élancée et le teint
s'éclaircit. Ce sont là des preuves invoquées par certains ethnographes pour affirmer que les anciens polynésiens fondèrent des colonies aux Nouvelles-Hébrides.
Le Révérend Codrington a constaté la présence de
Canaques des Tonga dans les Banks. Et nul doute que
des représentants très voisins du type polynésien sont
disséminés à Tanna, à Vaté, à Mai, à Aoba, à Malo et
à Santo. Ils sont de beaucoup supérieurs en beauté aux
autres Canaques et, avec leur physionomie ouverte et
modérément bronzée, ils ont un air mâle et guerrier.
Leurs cheveux et leur barbe sont souvent lisses et
teints couleur safran, selon la mode polynésienne.

Les habitants de Vaté prétendent que l'îlot Mélé
fut peuplé il y a cent ans par l'équipage d'une
grande pirogue néo-zélandaise qui fit naufrage dans la
baie de Pango. D'autre part, le Rev. Macdonald possède les débris d'une pirogue qui se serait échouée sur
l'île Mai, il y a cinquante ans, après avoir parcouru
2.000 milles à travers le grand Océan.

D'après une curieuse légende qui a cours dans
presque toutes les îles, à quelque variante près, il
existerait, dans les montagnes néo-hébridaises, une

race d'hommes sauvages qui vivent dans les arbres et se nourrissent de fruits. On ne les a jamais vus plus de deux ensemble. Les petits se tiennent auprès de leur mère ; ils vont nus et ne parlent pas. Leurs mains et leurs pieds sont armés de griffes avec lesquelles ils déchirent, pour les manger, les hommes qui tombent en leur pouvoir. Ces êtres, qui tiennent plus de l'animal que de l'homme, inspirent une folle terreur aux Canaques de la plage. A Ambrym, on les aurait aperçus se grattant au soleil sur la crête du volcan (?).

Quoi qu'il en soit, la population est divisée en deux camps : les *men salt water* et les *men bush*, qui vivent en état de guerre presque perpétuelle. Les hommes de la mer, *men salt water*, sont beaucoup plus civilisés et plus dégourdis que ceux de la brousse, *men bush*, et sans leur intermédiaire ou leur tolérance ceux-ci ne pourraient jamais acquérir de denrées européennes.

Les Canaques des diverses îles du groupe ont aisément adopté tous les objets importés, outils, ustensiles, armes, etc., qui semblaient devoir être pour eux d'un intérêt immédiat.

En revanche, ils ont opposé et ils opposent encore une résistance obstinée à toutes les idées qui peuvent apporter des changements dans leurs traditions.

Dans chaque île, la population est divisée en tribus

complètement indépendantes les unes des autres. Les
tribus se subdivisent en familles.

Chaque famille possède ses terrains de culture pour
les ignames et taros, ses cocotiers, ses arbres fruitiers,
etc. Ces propriétés se transmettent de génération en
génération par voie d'héritage.

Chaque tribu est soumise à l'autorité de plusieurs
chefs hiérarchisés et se divise en diverses castes, dont
la dernière se compose de « parias » (indigènes qui
n'ont pas tué les cochons avec les cérémonies d'usage).

Chaque caste mange ses aliments cuits à un foyer
spécial. L'infraction aux règlements édictés par les
chefs entraîne pour le délinquant la perte de la caste.

Le paria mange alternativement à tous les feux. On
le charge de toutes les corvées pénibles. Il est rare
qu'il ait la possibilité de planter des ignames ; et
comme il ne possède pas de cochons à dents, principal
objet d'échange des îles, il n'a aucun moyen de se procurer des femmes.

Cependant, il n'est pas tout à fait dans une impasse;
car si, d'aventure, un homme de caste supérieur s'in-
téresse au paria, il est libre de lui faire les avances
nécessaires qui lui permettront de prendre le premier
degré dans la hiérarchie.

Les pères, dans les familles aisées, fournissent toujours à leurs fils le moyen de sortir de la plèbe dès leur plus bas âge.

De même que les hommes, les femmes sont aussi partagées en différentes castes.

Naturellement, toutes les tribus entretiennent des sorciers, dont chacun est doué d'une puissance particulière. Celui-ci peut faire pleuvoir à volonté ; celui-là ramène le beau temps quand on l'en prie proprement ; un autre commande le vent, et le plus malin guérit à son gré les maladies — ou les donne. C'est le « takata », le médecin à son point de départ, et son influence sur les indigènes est parfois prodigieuse.

Pour ces intelligences rudimentaires, le mot « devil » ou diable désigne ce que de tout temps les hommes ont appelé l'esprit.

Quand un chef meurt, ils s'imaginent que son « devil » se transporte dans les vastes territoires où pullulent les cochons à dents, et que sa vie nouvelle s'écoule au milieu d'une multitude d'agréments.

Afin d'apaiser les mânes des grands chefs défunts, pour se les rendre favorables, les Canaques des Nouvelles-Hébrides leur font de fréquents sacrifices.

« Chez les Sakaus, écrit le capitaine Briault, dont je tire ces renseignements, la femme préférée se pend librement à la mort de son mari. Dans d'autres îles, *horresco referens!* la compagne favorite est enfermée plus ou moins longtemps avec le cadavre de son adorateur ! »

Naturellement indolente, sous le coup d'une excitation quelconque, célébration d'une fête ou guerre entre tribus, cette population fait preuve de beaucoup d'entrain, son énergie peut alors prendre des formes terribles, et elle pousse l'endurance au delà de tout ce qu'on peut imaginer.

Soumis, comme tout ce qui vit, à la grande loi de conservation, le Canaque évite inconsciemment toute cause de fatigue, de douleur, de maladie ; mais il est fataliste au plus haut degré, et dès qu'il a reconnu l'inutilité de la résistance, l'inévitabilité d'un malheur ou d'un péril, il se soumet à tout, même à la mort, avec un stoïcisme imperturbable et un sang-froid admirable.

Tant qu'il n'a pas subi le contact des Blancs, le naturel des Nouvelles-Hébrides ignore tous les travaux qui occupent la majeure partie des races mondiales. Il les réserve rigoureusement aux femmes dont la vie se passe dans l'esclavage absolu. Elles sont généralement petites. Jeunes, elles peuvent être parfois séduisantes ; mais la beauté du diable chez les plus

favorisées est bien éphémère, et une expression de
tristesse succède sur le visage au sourire doux qui
l'éclaire en son printemps. Beaucoup ont des traits
réguliers. La finesse de leurs pieds et de leurs mains
est souvent exquise. Elles mériteraient à tous égards
un meilleur sort. Celles qui conçoivent du fait des Européens donnent naissance à de fort beaux enfants,
généralement d'une intelligence très vive. Il serait à
souhaiter que ces croisements soient plus nombreux
à l'avenir qu'ils n'ont été jusqu'ici.

En Mélanésie, le mariage n'est qu'un marché, seulement la femme n'est jamais acheteur. Aux Nouvelles-Hébrides, ce sont toujours les parents qui
traitent, et il n'est pas rare que la fille soit vendue à
échéance dès son arrivée au monde. Naturellement,
ces marchés ont aussi des suites déplorables, d'autant
plus que l'assortiment des âges n'entre en aucune
manière dans les préoccupations des parents. Le
moins qui puisse arriver, c'est l'infécondité de l'union,
ou l'arrivée de produits rachitiques ou dégénérés.
Souvent, les perturbations matrimoniales provoquent
des guerres terribles entre les tribus. Le prix de la
femme est toujours évalué en prenant pour étalon
d'échange ce que les hommes considèrent le plus précieux; aux Nouvelles-Hébrides, c'est...le cochon !

Chez les Canaques, le cochon jouit d'une telle considération qu'on l'admet à partager la vie commune dans toute son intimité : c'est un ami. Il a place au lit comme à table, et quand on le sacrifie ce n'est jamais que solennellement. M. L. Manceron n'a-t-il pas raconté qu'un de ses Canaques néo-hébridais, désolé de voir un poca nouveau-né rester sans tétine auprès de sa mère encombrée de petits, prit ce déshérité dans ses bras en disant à son maître : « Attends, mi faire téter popinée où y en a déjà pikinini.[1] »

Dans les îles, un poca orphelin n'est jamais perdu tant qu'il y a dans la tribu une femme en état de lui donner le sein. A voir la facilité avec laquelle la mère indigène peut se débarrasser parfois de son nouveauné, on serait porté à croire qu'aux yeux des parents mêmes, le poca a plus de valeur que le petit enfant. Mais ces infanticides s'exercent surtout contre les nouveau-nés du sexe faible, car les Canaques veillent particulièrement sur les garçons, qu'ils entourent bientôt d'une touchante tendresse.

Un des principaux facteurs du dépeuplement dans les îles est certainement l'ignorance dans laquelle se trouvent les femmes en ce qui concerne l'alimentation

---

1. Enfant.

du premier âge. Une quantité effrayante d'enfants et d'adolescents périssent de maladies des voies digestives, ce qui n'a rien d'étonnant, puisque le même fait se perpétue chez les peuples européens qui se targuent le plus de civilisation.

En prenant possession de ces races primitives, s'ils se plaçaient simplement au point de vue de leur intérêt immédiat, la première préoccupation des Blancs devrait être l'élevage rationnel des auxiliaires sur lesquels sont basées, en somme, toutes leurs ambitions.

Il faut dire, à la décharge de la femme canaque, que sa fonction de bête de somme ne lui permet guère de développer les qualités affectives d'où sort l'instinct maternel, si précieux à la conservation et au perfectionnement de la race.

Aussi n'est-elle pas mère d'après la conception que nous nous faisons de cet état. Les femmes vivent par clan ou « Veve ». Tous les enfants du même veve sont frères, et ils appellent du nom de mère non seument la femme qui les a mis au monde, mais toutes les femmes du veve. Il est vrai que, de même, ils donnent le nom de père à tous les hommes du clan de leur père. Chaque clan est connu sous un nom particulier ordinairement emprunté au règne végétal.

Cette organisation de la famille néo-hébridaise est encore assez mal connue, de même que les mœurs et coutumes, qui, du reste, ont des variations parfois importantes d'île à île. Les matériaux patiemment amassés par les missionnaires anglais et français ne permettent pas encore de voir très clair dans la mentalité de ces sauvages et ce n'est pas encore tout de suite que nous aurons un ouvrage vraiment scientifique nous permettant de suivre, depuis la naissance jusqu'à la mort, les manifestations publiques ou privées de leur vie individuelle ou sociale.

Pour ce qui tombe sous l'observation superficielle, on peut voir que la plupart du temps, le Canaque vit en oisif. C'est un badaud inlassable qui flâne, sa hachette à long manche ou sa sagaie, ailleurs son arc à la main, ou sa fronde tournée autour de la tête, le pompon sur la tempe. D'autres fois, on le voit pendant des heures errer sur les plages, non plus dans l'attitude d'un rêveur, car s'il se plaît au bord de l'eau c'est parce qu'il espère toujours en tirer quelque chose. Voilà pourquoi il regarde son mystère avec des yeux scrutateurs, le geste prêt à lancer le trait qui transpercera à coup sûr le premier poisson qui s'aventurera à sa portée. Il pêche aussi avec des hameçons fabriqués à l'aide de petits os de poissons et parfois avec des engins dormants plus compliqués. En fait de travaux de force, il ne fait que ceux dont la femme est absolument incapable.

Et la malheureuse est considérée capable de toutes les choses pénibles. La plupart du temps, on la rencontre pliant sous le poids d'un faix énorme, suspendu à son dos par des bretelles de lianes ou de pandanus qui lui entrent dans les chairs, et composé de toute espèce de choses, cependant qu'à côté ou derrière elle son seigneur marche noblement, ses seules armes à la main, à moins que ce soit quelque chose d'aussi honorifique : le feu !

C'est avec ce tison que sera rallumé le foyer que le Canaque entretient constamment en activité dans sa case, non tant contre les moustiques, comme on le croit généralement, que contre le froid et par le besoin continuel qu'ils éprouvent, la femme aussi bien que le mari, d'allumer leur pipe toutes les fois qu'ils s'éveillent, et de venir se griller les mollets au-dessus de leur âtre, formé de quatre pierres longues, destinées à isoler les nattes des étincelles. Quant à la fumée, elle monte et emplit la case ; mais elle laisse toujours au ras du sol un certain espace libre qui permet aux hommes étendus de ne pas suffoquer.

Aux Nouvelles-Hébrides, les femmes vivent avec

leurs enfants dans des cases différentes de celles des hommes, où elles n'entrent jamais. Elles ont en outre, dans tous les villages, des quartiers généraux où elles s'entassent et où elles préparent les repas en commun pour tous les hommes qui ont des relations d'amitié ou de famille.

Tous les jeunes gens, jusqu'à un certain âge, habitent également en commun de grandes cases où les vieux et les femmes mettent rarement les pieds.

Toutes ces cases sont disposées dans les situations les plus pittoresques, entourées de petits glacis de pierre de couleur qui soutiennent une plate-bande de très jolies plantes d'ornement. Dans le centre des villages, la place publique consiste en magnifiques allées de cocotiers; tapissées d'un chiendent particulier, fin et soyeux, sur lequel les Canaques, comme les voyageurs, se reposent avec bonheur.

Les jours de grande énergie, le Canaque s'en va au cœur de la forêt couper les troncs énormes dans lesquels il creusera sa pirogue. Lorsque la grume est prête, toute la tribu se rend sur les lieux. Des lianes immenses sont attachées à la pièce; les uns s'y attellent, les autres s'arment de leviers pour diriger la marche entre les obstacles, et c'est au milieu de gambades insensées et de chants joyeux que l'énorme tronc est traîné au bord de la mer.

Tout ce peuple a une âme d'enfant, et, lorsqu'il s'occupe, il faut qu'il fasse du travail un jeu.

Alors ce sont des cris, des hurrahs, des rires !...

Dans les *sing sing*, qui sont les pilou pilou des Nouvelles-Hébrides, comme en Nouvelle-Calédonie, la fête ne cesse qu'après la chute, par exténuation, des derniers danseurs. Une énergie incroyable est dépensée dans ces nuits homériques, au cours desquelles les Canaques en orgie consomment une quantité de vivres qui souvent soutiendraient la tribu pendant une année.

Parfois les *sing sing* sont en l'honneur du cannibalisme. Les missionnaires ont appris aux sauvages à avoir honte de dévorer leurs semblables ; mais dans beaucoup d'îles cette coutume est toujours en honneur.

Ç'est toute une affaire, la préparation d'un tel festin !

Quand le lieu du *sing sing* a été religieusement choisi, des Canaques creusent un trou en terre, puis ils le garnissent de cailloux chauffés à blanc. Les morceaux de choix dépecés dans le gibier humain sont alors déposés dans cette fosse. On ferme hermétiquement à l'aide de pierres plates, également brûlantes. qui sont recouvertes de terres. Au bout de vingt-quatre heures, le four est ouvert pour ajouter la garniture.

Entre temps, d'autres Canaques ont sacrifié plusieurs cochons à dents et fait ample récolte d'ignames, de taros, d'herbes aromatiques, etc. Joints à la viande des porcs, légumes et épices sont déposés autour de la chair humaine dans le four chauffé à nouveau. On referme avec les mêmes précautions, et on laisse mijoter à l'estouffade encore pendant vingt-quatre heures.

Pendant toute la durée de la cuisson, jour et nuit, un cordon de femmes entoure la marmite cannibalesque. Ces factionnaires sont armées de longues branches avec lesquelles elles ne laissent pas de battre l'air, en chantant avec accompagnement de tams-tams et de flûtes en bambou joués par le reste de la tribu. Cette interminable mélopée semble avoir pour but d'éloigner les esprits ou *devils* qui ne manqueraient pas autrement de venir dérober un aussi succulent *kaï-kaï* (nourriture) !

Je demandais un jour à un vieux chef d'Ambrym s'il avait mangé de la chair humaine :

— Oui, me répondit-il, souvent ?

— Du noir.

— Oui, du noir ?

— Et c'est bon ?

— Oui!... (la joie du souvenir brillait dans ses yeux)... Les bras et les jambes, les mains surtout...

— Et du blanc, tu en as mangé aussi?

— Oui, mais il y a longtemps,

— Et c'est bon?

— *All the same pig!* (on dirait du cochon !)

L'eau lui vint à la bouche. Elle s'ouvrit dans un rictus effrayant, tout humide sur une mâchoire formidable et éclatante de blancheur.

Cependant, en général, les Canaques préfèrent la chair de leur race. Ils trouvent la nôtre trop salée. C'est peut-être qu'ils n'ont guère eu à manger que des marins !

L'homme canaque vieillit vite ; moins vite que la femme canaque pourtant. Les vieillards des deux sexes d'un âge avancé sont rares. Quand ils commencent à grisonner, certains d'entre eux ont des figures vénérables et même assez distinguées ; mais, d'ordinaire abîmées par les maternités successives, et usées par les travaux pénibles, les vieilles popinées sont généralement d'une laideur repoussante. Les enfants sont le plus souvent robustes. Leur développement abdominal les défigure longtemps. Cela ne les empêche pas d'être susceptibles de déployer la plus grande agilité dans leurs exercices. Leur adresse avec la sagaie est extraordinaire. Ils grandissent jusqu'à un âge assez avancé sans faire usage du moindre vêtement. Leur temps se passe aussi à aider leur mère à confectionner des armes ou des filets. Ils les accompagnent à la pêche. Jusqu'au jour où ils deviennent guerriers, leur mère leur rase la tête avec une coquille de nacre finement aiguisée au point de pouvoir défier le meilleur des rasoirs. Elles leur laissent simplement sur le front une petite mèche de cheveux.

Une fois affranchis, ils traitent les femmes avec autant de despotisme que leur père. Nous avons vu que le sentiment maternel n'existe pas à proprement parler chez la femme. L'amour filial est tout aussi rudimentaire chez les enfants et il ne résiste pas à l'exercice de l'indépendance.

Aux Nouvelles-Hébrides, dans quelques îles, les morts sont ficelés sur des bâtons et déposés le long des murailles de certaines cavernes. Les femmes viennent leur porter des fleurs jusqu'à la décomposition complète des chairs. En général, chaque village possède sur la place publique un groupe de troncs d'arbres vidés, façonnés et plantés là en honneur des aïeux. Il serait téméraire de les comparer à des idoles. Ces troncs d'arbres creux sont, par erreur, aussi appelés tabous. Le plus souvent ils servent de tambour, leur sonorité étant assurée par une fente longitudinale qui permet d'entendre les battements de très loin. Certains sont surmontés d'une figure humaine sculp-. tée ou gravée, et grossièrement imitée. Si on ajoute quelques objets semblables ébauchés à l'avant de quelques-unes de leurs pirogues, on aura donné toute la mesure de leurs productions artistiques.

Langage. — Il n'y a peut-être pas de pays au monde où, sur une si petite superficie, tant de langages soient parlés. On en compte, en effet, une vingtaine aux Nouvelles-Hébrides. Dans plusieurs îles, les sauvages n'ont même pas de langue commune : deux ou trois dialectes s'y rencontrent.

Les principales langues néo-hébridaises se subdivisent en idiomes dont la construction diffère souvent d'une façon considérable. Parfois les mots sont durs; d'autres fois longs, pleins de consonances, et les syllabes ne se terminent pas toujours par une voyelle comme dans le *maori*. Une des particularités les plus curieuses de la grammaire néo-hébridaise, c'est qu'elle reconnaît quatre nombres : le singulier, le duel, le triel et le pluriel.

Dans la langue d'Anatom, tous les noms, sauf peut-être une exception, commencent par *in* ou *n*. De même qu'en anglais, le verbe *être* sert à conjuguer tous les temps des autres. Le nominatif est le dernier mot de la phrase.

A Vaté, il n'y a qu'une seule langue. Elle est parlée, mais avec des différences dialectiques, sur une dizaine d'îles environnantes.

Les gens de Futuna parlent une langue offrant beaucoup d'analogie avec celle d'Aniwa; et, chose étrange, de celles en usage sur les deux îlots de Vila et de Mélé, situés dans la grande baie de Pango.

Plus au nord, chaque île a sa langue propre; mais sur quelques îles on trouve plusieurs dialectes.

Les détails suivants sont empruntés au Rev. John Inglis, qui a longtemps séjourné aux Nouvelles-Hébrides.

D'après ce missionnaire, les naturels des îles proviennent de deux races : les Malais et les Papous. Les Malais sont reconnus d'origine asiatique, et les Papous, africaine. Les Malais occupent tous les groupes d'îles du Pacifique occidental, et les Papous tous ceux du Pacifique oriental mélanésien, au sud de la Ligne.

Les migrations des Malais ont évidemment eu lieu beaucoup plus tard que celles des Papous. Ils ont dû apporter une civilisation beaucoup plus grande avec eux, et ils ont perdu moins que les Papous de ce qu'ils ont apporté.

En apparence, ces deux races sont très dissemblables, et leurs langues ne semblent avoir rien de commun.

Les indigènes malais d'origine ne parlent qu'une seule langue, avec de simples différences dialectiques.

Parmi les Papous, non seulement la langue est différente dans chaque groupe, mais elle se mue en divers idiomes dans presque chaque île. Cependant, autant qu'on a pu pousser l'étude étymologique de ces langues, il y a des ressemblances profondes, spécialement en grammaire, qui indiquent une origine commune.

On trouve des particularités frappantes dans le parler de presque toutes les îles.

La base du calcul néo-hébridais n'est pas, comme chez nous, la *dizaine*, mais la *cinquaine*.

Les sauvages comptent sur leurs doigts jusqu'à 5 (*nikmak*, à Anatom, ou *ma main*); et ils continuent ainsi avec l'autre main : *ma main et un doigt* pour 6, ainsi de suite jusqu'à 10, qu'ils expriment en disant : *mes deux mains*. Ils répètent la même chose avec leurs doigts de pieds, et pour 20 ils disent : *mes deux mains et mes deux pieds*. Tous les nombres au-dessus sont : *beaucoup; grand beaucoup.... grand grand beaucoup*, suivant le nombre apparent.

Vu ce mode défectueux de compter, les missionnaires anglais se sont efforcés de leur enseigner à se servir de chiffres, et ils leur ont appris ainsi quelques mots de la langue arithmétique.

Une autre particularité de ces idiomes, c'est qu'ils manquent singulièrement de mots concernant les choses abstraites. Tout est exprimé d'une façon concrète : les parties du corps, ainsi que chaque objet dans la nature. Par exemple, ils n'ont rien qui ressemble au mot *main*. Il disent *nikmak*, ma main ; *nikmam*, ta main ; *nikman*, sa main ; (*b*, *m*, *n*, terminaisons des pronoms personnels sont des suffixes invariables). Rien qui ressemble également au mot *père*. Ils disent : *etmak*, mon père ; *etmam*, ton père ; *etman*, son père, etc.

Ils ont bien un mot pour *arbre*, considéré abstraitement. Mais *branches*, *feuilles*, etc., sont tous concrets. Ils disent donc : *imam*, ses branches ; *nerin*, ses feuilles ; *intisian*, ses fleurs ; *nohwan*, ses fruits, etc. (*n* étant là pour marquer le possessif.)

Les pronoms personnels ayant quatre nombres : singulier, duel, triel et pluriel, le 26e verset de la Genèse a dû être traduit ainsi ;

Et Dieu dit : Faisons un homme à l'image de nous Trois, et d'après la ressemblance de nous Trois !

A Vaté, la langue est une, avec des différences dialectiques. Elle s'est étendue sur une dizaine d'îles, vers le nord, ce qui est une exception aux Nouvelles-Hébrides. Les îlots de Mélé et de Vila ont cependant un idiome différent, très voisin de celui d'Aniwa et de Futuna. La race qui a peuplé ces îlots n'est pas la même que celle qui s'est établie sur la grande terre. Les Canaques y sont plus grands et mieux proportionnés. Leurs habitations seules sont des îlots. Ils ne fréquentent l'île principale que pour soigner leurs cultures, et ils ne se marient jamais avec les indigènes de Vaté.

Dans leurs relations avec les Blancs, les indigènes se servent de mots anglais et français mêlés à ceux de leur propre langue, ce qui forme un patois bizarre auquel on a donné le nom de *bichlamar* (sans doute, de bêche de mer). Ainsi : *man oui-oui*, signifie Français ; *me save*, je sais ; *one gnam*, une récolte d'ignames, et, par extension, une année. *Kaï kaï*, sorte d'onomatopée, correspond à manger, et, par extension, à aliment.

Les phrases se forment d'après une syntaxe très primitive où le mot *belong* (appartenir) joue un grand rôle.

Un sauvage dira : — *Belong me no save mac all the*

same! (Je ne sais pas faire cela!) — *Man belong bread* sera le boulanger.

Cette manière de parler ne se prête nullement aux périodes oratoires, et, cependant, elle ne manque pas d'un certain charme dans la bouche des sauvages, peut-être à cause de sa puérilité même.

Maintenant que nous sommes en majorité dans les îles, notre principale préoccupation devrait être de remplacer ce langage très insuffisant, même pour les relations les plus simples, par la langue française.

Il s'agit moins d'un effort considérable que de beaucoup de temps et d'un peu de patience. Il faudrait commencer par les tout petits enfants. On rassemblerait, par exemple, les plus intelligents pour les conduire graduellement à la puberté en leur faisant prendre tout à la fois et l'habitude de notre langue et le goût du travail dans les espèces de colonies scolaires qui pouraient devenir des écoles d'agriculture pratique. Ce serait un excellent moyen de former des contre-maîtres pour nos exploitations agricoles.

Du reste, il n'y a pas d'autre façon de sauver l'élite de cette race, que le transport brusque dans l'univers abstrait de nos religions compliquées et le contact sans préparation avec notre civilisation si dangereuse aux primitifs déconcertent et condamnent à une disparition fatale.

CONCLUSION

L'objet principal de cette notice est de montrer pourquoi notre lutte pour la vie en Océanie devrait passionner tous les Français.

Intéressante, cette lutte, elle l'est diversement. Mais, du point de vue patriotique, elle nous empoigne d'une façon irrésistible, car, de son échec ou de son succès, dépend l'avenir de la race dans le Pacifique.

Et c'est ce qui donne une allure véritablement épique aux gestes de cette poignée de compatriotes qui travaillent là-bas, parmi les grandes palmes, à sauver les restes de l'empire que nous possédions au moins virtuellement, il y a un demi-siècle, dans ces régions merveilleuses de la terre ; à nationaliser de la bonne façon, selon la loi biblique, toutes ces belles îles vierges à la sueur de leur front !

Succomberaient-ils par malheur sous quelque assaut brutal, — ils n'en auraient pas moins, en ce qui concerne la colonisation, sauvé l'honneur de leur pays.

Mais, avec les idées d'arbitrage, de conciliation et de besoin de paix qui se lèvent sur les hommes de toute nation, on est fondé à penser qu'une telle éventualité a, chaque année, moins de chances de se produire, surtout si nous restons vaillants. Car, la vaillance est génératrice de la force, et la force est la condition nécessaire de la vie triomphante.

Luttons donc pour être forts et pour rester forts! Telle est la leçon d'énergie que pourrait tirer la masse des Français de l'exemple donné par leurs concitoyens, si pleins de mérite, des Nouvelles-Hébrides. Les champs d'action ne manquent jamais à ceux qui sont sincèrement avides d'agir. Celui du Grand Océan a l'avantage de l'actualité, et nous nous y rencontrons avec des adversaires gigantesques, qu'il y aurait plaisir à égaler ou même à dépasser!

Dans un livre qui a fait grand bruit... au delà de nos frontières, un grand voyageur anglais, un expert en matières coloniales, a écrit cette vérité : « La grande question du xx° siècle sera le partage de l'Océanie[1]. »

La désinvolture avec laquelle nous y sommes traités (il est vrai que c'était avant l' « entente cordiale »)

1. Archibald Colquhoun, *The mastery of the Pacific*, Heineman, edit.

est on ne peut plus humiliante pour notre fierté nationale. Il est pénible d'avouer que les apparences
morales sont avec l'auteur contre nous. Les faits
aussi. Car, pour le moment, non comprises les Nouvelles-Hébrides, dont le sort continue de rester indé-
cis, les propriétés des nations de race blanche se
répartissent ainsi dans le Pacifique :

États	Superficie	Population
Angleterre, divers......	190.000 mil. carrés	1.275.000
— Australasie..	3.077.000 —	4.556.000
Pour l'Angleterre.......	3.267.000 mil. carrés	5.831.000
Hollande..............	736.000 —	36.000.000
États-Unis	129.000 —	7.145.000
Allemagne (environ)....	95.000 —	250.000
France...............	10.000 —	100.000

Et M. Colquhoun part de là pour nous considérer
comme quantité négligeable et affirmer que les grands
compétiteurs pour la domination du Pacifique seront
les États-Unis, la Grande-Bretagne, le Japon et
l'Allemagne, le principal facteur demeurant les États-
Unis qui « possèdent tous les avantages, toutes les
qualifications, et quelques-unes des ambitions nécessaires pour jouer un grand rôle dans les destinées du
monde océanien ».

Cette appréciation a été, du reste, confirmée par

les discours du président Roosevelt, « qui ouvrent, a dit le *Temps*, l'ère des luttes dans le Pacifique ».

Les paroles du chef de la grande République ont été prononcées au bord même de l'Océan convoité, et redites au cœur de la métropole américaine du nord-ouest maritime, San Francisco. Elles sont des plus caractéristiques et semblent nous viser en premier lieu.

« La situation géographique qu'occupent les États-Unis, a affirmé Roosevelt le 14 mai 1903, est de nature à assurer dans l'avenir notre domination dans ses eaux si nous saisissons seulement, avec une fermeté suffisante, les avantages que comporte cette situation. La marche des événements qui nous donnèrent les Philippines nous oblige à préparer cette domination. »

L'américanisation de Tahiti marche avec une rapidité en apparence inéluctable, et nous ne posséderons bientôt plus que nominalement les archipels que l'île de Beauté commande.

Quant au reste, « l'importance stratégique des Nouvelles-Hébrides et de la Nouvelle-Calédonie, déclare M. Colquhoun, n'est pas, en réalité, une pressante matière, car les Fidji dominent les deux groupes... »

Ici, nos possessions ne sont pas moins en danger entre les avides mâchoires des colonies anglo-saxonnes d'Australie, et si nous voulons qu'elles résistent à l'absorption, surtout à la pacifique, qui agit quotidiennement par la force des choses, il est indispensable que nos hommes d'État entourent ces petites Frances australes d'une sollicitude d'autant plus grande qu'elles sont plus éloignées de la Mère-Patrie, et très isolées.

Ce n'est que par une vigilance incessante qu'ils pourront conserver encore longtemps à la Patrie son trop modeste domaine du Grand Océan. La nouvelle attitude prise par notre gouvernement après tant d'années d'indécision, prouve qu'on a enfin compris dans les sphères dirigeantes toute la gravité du problème océanien. Les résultats positifs obtenus, en fort peu de temps, sont là pour prouver qu'il n'est pas trop tard pour sauver un patrimoine que nos plus âpres compétiteurs se réjouissaient à tort de croire irrémédiablement perdu pour nous [1].

Marseille, août 1906.

1. Au moment de *tirer*, nous apprenons que la convention arrêtée le 27 février dernier par la commission franco-anglaise des Nouvelles-Hébrides a été signée à Londres, le 20 octobre par M. Cambon, ambassadeur de France, et sir Edward Grey, ministre du Foreign Office. — Il n'y a qu'à s'incliner devant le fait, qui ne doit cependant rien changer à nos espérances; car les Nouvelles-Hébrides seront fatalement terres françaises un jour, si les Français veulent y continuer leur activité féconde de ces dernières années.

ANNEXE I.

Pétition des colons anglais de Vaté
A son Excellence le Gouverneur de la Nouvelle-Calédonie.

Les planteurs et résidents de Vaté vous présentent avec le plus grand respect la requête suivante :

Considérant la position géographique de cette île par rapport à la Nouvelle-Calédonie et aux autres dont vous êtes le gouverneur ;

Considérant que, depuis bientôt huit ans, des relations commerciales existent entre les deux colonies par des bateaux de commerce, relations qui vont croissant chaque année ;

Considérant, en outre, qu'aucune puissance n'a pris cette colonie naissante sous sa protection ;

Nous venons demander avec insistance au représentant de la France de placer cette île sous le protectorat de cette nation ;

Beaucoup d'entre nous résident dans cette île depuis cinq ou six ans, et nous avons toujours vécu en paix avec les indigènes. Nous pouvons affirmer que vous n'aurez pas besoin d'un personnel nombreux pour nous gouverner.

Ce que les colons demandent surtout, ce sont les moyens réguliers de se procurer les bras nécessaires, soit pour les cultures, soit pour la pêche, une surveillance convenable sur les engagés, sur les engagistes, et les privilèges ordinaires d'un commerce intercolonial.

(Suivent les signatures.)

Mai 1876.

ANNEXE II

Le marquis d'Harcourt,
ambassadeur de la République française à Londres,
au comte de Derby,
Secrétaire d'État pour les Affaires étrangères à Londres.

Londres, le 1er janvier 1878.

Monsieur le Comte, il s'est établi entre l'île de la Nouvelle-Calédonie et le groupe des Nouvelles-Hébrides des rapports d'ordre commercial qui se sont rapidement développés en raison de leur voisinage et qui présentent pour la prospérité de notre établissement colonial une importance considérable.

Mon gouvernement, qui attache beaucoup de prix à ce que ces relations continuent sur le même pied, se préoccupe, dans une certaine mesure, d'un mouvement d'opinion qui se serait produit en Australie dans ces derniers temps. Les journaux de ce pays auraient dénoncé l'intention, qu'ils attribuent à la France, de réunir les Nouvelles-Hébrides à ses possessions et demanderaient qu'afin de prévenir cette éventualité, l'archipel dont il s'agit fût placé sous la souveraineté de la couronne d'Angleterre.

Sans attacher à ce mouvement de l'opinion une très grande importance, mon Gouvernement tient toutefois à déclarer que, pour ce qui le concerne, il n'a pas le projet de porter atteinte à l'indépendance des Nouvelles-Hébrides, et il serait heureux de savoir que, de son côté, le gouvernement de Sa Majesté est également disposé à la respecter.

D'Harcourt,
Foreign Office.

le 20 février 1878.

Monsieur l'Ambassadeur, en réponse à la note que Votre Excellence m'a fait l'honneur de m'adresser, le 28 janvier dernier, par laquelle, faisant allusion à certains articles parus dans les journaux australiens, vous déclarez que le Gouvernement français n'a pas l'intention de porter atteinte à l'indépendance des Nouvelles-Hébrides, en même temps que vous me demandez une assurance identique de la part du Gouvernement de Sa Majesté, j'ai l'honneur de faire savoir à Votre Excellence qu'il n'est pas dans l'intention du Gouvernement de Sa Majesté de proposer au Parlement des mesures qui seraient de nature à modifier la situation indépendante où se trouvent actuellement les Nouvelles-Hébrides.

DERBY.

Livre jaune, Dépêches n° 3 et n° 4.

ANNEXE III

Convention relative aux Nouvelles-Hébrides et aux îles Sous-le-Vent de Tahiti.

Le Gouvernement de la République française et le Gouvernement de Sa Majesté la Reine du Royaume-Uni de la Grande-Bretagne et d'Irlande, désirant abroger la déclaration du 19 juin 1847 relative aux Iles-Sous-le-Vent de Tahiti, et assurer, en même temps, pour l'avenir, la protection des personnes et des biens aux Nouvelles-Hébrides, sont convenus des articles suivants :

Article premier.

Le Gouvernement de Sa Majesté britannique consent à procéder à l'abrogation de la Déclaration de 1847 relative au groupe des Iles-Sous-le-Vent de Tahiti, aussitôt qu'aura été mis à exécution l'accord ci-après formulé pour la protection, à l'avenir, des personnes et des biens aux Nouvelles-Hébrides, au moyen d'une Commission mixte.

Art. 2.

Une Commission navale mixte, composée d'officiers de marine appartenant aux stations française et anglaise du Pacifique, sera immédiatement constituée ; elle sera chargée de maintenir l'ordre et de protéger les personnes et les biens des citoyens français et des sujets britanniques dans les Nouvelles-Hébrides.

Art. 3.

Une déclaration à cet effet sera signée par les deux gouvernements.

Art. 4.

Des règlements destinés à guider la Commission seront élaborés par les deux Gouvernements, approuvés par eux et transmis aux commandants français et anglais des bâtiments de la station navale du Pacifique, dans un délai qui n'excédera pas quatre mois à partir de la signature de la présente Convention, s'il n'est pas possible de le faire plus tôt.

Art. 5.

Dès que ces règlements auront été approuvés par les deux Gouvernements et que les postes militaires français auront pu, par suite, être retirés des Nouvelles-Hébrides, le Gouvernement de Sa Majesté britannique procédera à l'abrogation de la déclaration de 1847. Il est entendu que les assurances, relatives au commerce et aux condamnés, qui sont contenues dans la note verbale du 24 octobre 1885, communiquée par M. de Freycinet à lord Lyons, demeureront en pleine vigueur.

En foi de quoi, les soussignés, dûment autorisés à cet effet, ont signé la présente convention et y ont apposé leurs cachets.

Fait en double, à Paris, le 16 novembre 1887.

Signé :

FLOURENS.
EGERTON.

Livre jaune, n° 48.

ANNEXE IV

Pétition des résidents français aux Nouvelles-Hébrides,

Messieurs les Sénateurs,
Messieurs les Députés,

Nous, soussignés, Français de la Nouvelle-Calédonie et
des Nouvelles-Hébrides, venons avec confiance nous adresser aux Représentants de la nation et leur demander d'agir
sans retard pour préserver les intérêts de la France dans
le Pacifique, gravement menacés.

Nous savons qu'on ne fait jamais en vain appel à la sollicitude et au patriotisme des Chambres françaises.

Nos deux colonies australes vous présentent donc, étroi-
tement unies, leurs doléances et leurs revendications, car
il existe entre elles une intime solidarité, fortifiée encore
par la communauté du péril imminent.

Elles forment aujourd'hui les seuls points d'appui de la
puissance française dans cette région du globe, que nos
grands navigateurs du xviiie siècle avaient, les premiers,
explorée et dont tant de points portent encore les noms
glorieux des Bougainville, des La Pérouse, des d'Entrecasteaux et des Dumont d'Urville !

Combien de ces terres, découvertes par eux et tombées
depuis aux mains de l'Étranger, auraient pu devenir pour
la France des établissements avantageux? Au cours même
des dernières années, que d'occasions se sont offertes —
dont on n'a pas su profiter — d'améliorer sa situation en
Océanie.

Ses rivaux — pour ne pas dire ses ennemis — sont maintenant maîtres de tous ces archipels, sur quelques-uns desquels, et non des moins importants (notamment les Fidji et les Tonga), son protectorat, sollicité par les rois indigènes eux-mêmes, aurait pu être établi sans la moindre difficulté.

Seules, la Nouvelle-Calédonie et les Nouvelles-Hébrides, lui restent comme débouchés pour ses produits, comme abris pour sa marine, comme entrepôts et bases d'opérations pour son commerce, comme centres du rayonnement pour sa langue et son influence. Va-t-elle se les laisser ravir?

Priorité d'occupation.

Ses droits historiques et naturels, anciens et actuels, sont aussi positifs, aussi incontestables sur la seconde de ces possessions que sur la première.

Elle y a, depuis longtemps, la prépondérance reconnue et constatée par des témoignages formels.

En 1896, les colons anglais fixés dans l'Archipel demandent eux-mêmes avec insistance l'établissement du protectorat français dans une pétition adressée au Gouverneur de la Nouvelle-Calédonie « dont les Nouvelles-Hébrides — ils le déclarent — *sont une dépendance naturelle.* »

Les accords de 1878 et de 1887 contiennent une reconnaissance implicite des droits de la France par l'Angleterre qui ne pouvant les nier, s'efforce de les entraver.

Supériorité numérique.

Malgré les inconvénients du régime hybride créé par ces conventions, notre colonisation néo-hébridaise n'a fait que progresser et se développer.

Nous sommes actuellement près de trois cents Français de toutes conditions, propriétaires, planteurs ou commerçants, répartis dans tout l'archipel, contre une centaine d'Anglo-Australiens, pour la plupart ministres presbytériens. Ces missionnaires constituent l'élément le plus important de la politique britannique. Leur manière de coloniser et de civiliser les naturels du pays consiste principalement — là comme ailleurs — à nuire aux Français et à dénigrer la France, qu'ils font passer aux yeux des indigènes pour l'humble vassale de la Grande-Bretagne ! Ils sont puissamment aidés dans leur œuvre de haine et d'imposture par les abondants subsides dont ils disposent, tandis que les missionnaires français au nombre d'une douzaine à peine, privés de tout secours pécuniaire sont à peu près réduits à l'impuissance et luttent pour conserver la situation acquise à force d'abnégation et de dévouement. Il n'est que juste de reconnaître les services qu'ils ont rendus et rendent encore, chaque jour, à la cause française, malgré l'insuffisance de leurs moyens d'action, et en dépit des difficultés et des obstacles accumulés devant eux.

Propriété territoriale.

Outre l'avantage du nombre, nous avons celui de la possession du sol, de la propriété foncière : sur *1.500.000*

hectares de terres cultivables,. plus de *500.000* appartiennent aux Français, dans les îles principales; les
Anglais n'en ont pas tout à fait 50.000 hectares. Toutes
les terres françaises ont été acquises à titre onéreux, en
vertu de contrats réguliers. La Compagnie française des
Nouvelles-Hébrides possède la majeure partie de ces
titres, qui risqueraient de passer en des mains étrangères,
s'ils étaient mis en vente comme conséquence de l'état de
liquidation de cette Société. Il y a là une éventualité redoutable qu'il importe de conjurer. A tous les points de vue,
d'ailleurs, il est nécessaire et urgent de reconstituer la
Société française dont la déconfiture survenue depuis un
an a déjà eu des effets désastreux, et de lui faire reprendre
dans l'archipel le rôle actif qui lui est naturellement dévolu
pour préserver et étendre de plus en plus notre situation
prépondérante ; il y a là un intérêt de premier ordre.

Pour le commerce intérieur et extérieur, la France tient
encore la première place dans les îles. Mais il ne faut pas
se dissimuler que la concurrence étrangère travaille activement à la supplanter et y parviendra si un effort énergique n'est fait pour maintenir notre avance laborieusement
conquise.

Organisation de la vie civilisée.

Tout ce que l'initiative individuelle et privée peut entre-
prendre et réaliser pour tirer parti des richesses naturelles
et améliorer les conditions d'existence dans un pays neuf,
nous l'avons fait par nos propres ressources : plantations
variées, parmi lesquelles celle du maïs, des cocotiers et du
café ont pris un développement considérable et donnent

déjà des résultats très satisfaisants et pleins de promesses, grâce à l'admirable fertilité du sol, et bientôt le cacao et la vanille seront une source nouvelle de richesses ; élevage de bétail, factoreries alimentées de marchandises presque exclusivement françaises, magasins et wharfs facilitant les opérations de chargement et déchargement dans nos excellents ports naturels, chemins d'exploitations et routes publiques, ponts sur les cours d'eau et les lagunes, hôpital, travaux d'assainissement, grâce auxquels la salubrité est à peu près complète dans les localités débroussées, écoles gratuites où les enfants des indigènes viennent apprendre notre langue et sont élevés dans les idées de justice et d'humanité qui sont les nôtres, enfin maisons municipales où, dans nos bourgades bien françaises de Franceville, de Faureville, de Mercetville, etc., l'état civil est tenu et les intérêts et la collectivité sont gérés comme dans les communes de la métropole. La fête nationale y est célébrée tous les ans, elle vient de l'être encore, sinon avec l'éclat que nous voudrions y mettre du moins avec un ardent amour pour la mère patrie et une foi invincible en sa protection.

Elle nous a donné récemment un encouragement dont nous lui sommes profondément reconnaissants en accordant à nos produits (cafés, maïs, cacaos et vanilles) le même traitement qu'à ceux des autres colonies françaises.

De son côté, la Nouvelle-Calédonie a consenti en leur faveur et aux dépens de ses produits similaires, une notable réduction des taxes d'entrée.

Nos adversaires.

Ainsi priorité d'occupation.
Supériorité numérique.
Propriété territoriale.
Organisation de la vie civilisée.
Tels sont les faits essentiels et notoires qui caractérisent la situation dominante de la France dans l'archipel Néo-Hébridais. Si elle n'y a pas encore le titre de Puissance souveraine, elle y possède à un degré supérieur les réalités et les attributs de la suprématie en matière coloniale.

Eh bien ! ces efforts, ces résultats obtenus, ces droits acquis, ces sacrifices faits pendant une longue suite d'années avec une énergie et une constance que rien n'a pu rebuter, tout cela est nul et non avenu pour certains de nos concurrents ! Ils affectent de n'en tenir aucun compte !

Ils appartiennent à cette race envahissante, dont l'orgueil et les appétits démesurés sont devenus un danger menaçant pour les autres nations, car elle aspire ouvertement à la domination universelle !

Il ne leur suffit pas d'avoir, dans le Pacifique, d'immenses territoires, de régner en maîtres sur ce continent austral, presque aussi vaste que l'Europe, sur la Tasmanie plus grande que la Grèce, sur la Nouvelle-Zélande plus grande que l'Italie et sur cette masse d'archipels que nous avons eu la faiblesse de leur abandonner.

Il leur faut encore ces quelques îles que nous avons mises en valeur, que nous avons fécondées de notre argent et de nos sueurs.

Reprenant et invoquant à leur profit la doctrine exorbitante de Monroë, si commode pour l'insatiable avidité anglo-saxonne; les Australiens se disent propriétaires nés de toutes les terres océaniennes, de celles-là mêmes où d'autres les ont précédés et exercent, outre le droit de premier occupant, celui que donnent la possession régulièrement acquise et la création d'œuvres utiles.

Au nom de ce prétendu principe, ils réclament l'annexion immédiate des Nouvelles-Hébrides au *Commonwealth.*

Envahissement.

Le gouvernement fédéral s'est fait le docile exécuteur de ces visées ambitieuses et travaille activement à en préparer la réalisation. Il a entrepris de peupler de colons australiens les principales îles du groupe. Un premier convoi vient d'être expédié sur Tongoa (Santo) et sera suivi d'autres à bref délai. Le but avoué de cette opération subventionnée, entreprise sous le nom de la Maison Burns Philp and Co., de Sydney, et notoirement conduite par le premier ministre en personne (M. Barton), est de submerger la population française des Nouvelles-Hébrides sous un flot d'immigration britannique et de profiter du désarroi de la Société française pour prendre partout sa place dans le commerce et même dans l'exploitation rurale au moyen d'empiètements successifs. On compte pour cela sur l'insuffisance des délimitations et la mauvaise foi des indigènes.

Ceux-ci sont, d'ailleurs, journellement incités et poussés aux violations de propriété. On leur persuade que les Français les ont spoliés et vont être bientôt chassés par les

Anglais ! Rien n'est négligé pour leur faire croire que l'Angleterre est déjà maîtresse de ces îles : Un haut commissaire britannique vient d'y être installé à demeure avec une mise en scène propre à frapper l'imagination des Canaques.

Les Australiens déclarent, d'ailleurs, avec une franchise dont il faut leur savoir gré, que la mainmise sur les Nouvelles-Hébrides ne sera pour eux qu'un moyen d'arriver à la possession de la Nouvelle-Calédonie, objet principal de leurs convoitises, proie tout indiquée en raison de sa richesse minière, de son importance maritime et de son merveilleux climat.

Ils savent que la Nouvelle-Calédonie ne peut se passer des Nouvelles-Hébrides qui, par leur position géographique, sont pour elle une dépendance naturelle et une annexe indispensable. Ils savent que la Nouvelle-Calédonie, pays essentiellement minier, ne peut vivre sans les Nouvelles-Hébrides, appelées à lui fournir, en échange des marchandises françaises entreposées à Nouméa, les produits agricoles nécessaires à sa subsistance et la main-d'œuvre indigène dont elle a besoin pour ses travaux agricoles, miniers, industriels ; si bien que le jour où les Nouvelles-Hébrides seraient enlevées à la France, la Nouvelle-Calédonie se trouverait dans un isolement mortel...

Les Hébrides dépendances de la Calédonie.

Du point le plus oriental de l'Australie (Brisbane dans le Queensland) aux Nouvelles-Hébrides, il y a environ 1.500 kilomètres ou 850 milles — distance moyenne ; —

de Sydney, 2.000 kilomètres — et de Melbourne, centre de
l'agitation annexionniste, 3.000 kilomètres — soit environ
6 jours de navigation de Brisbane, 7 de Sydney, 10 de
Melbourne.

La Nouvelle-Calédonie, située entre l'Australie et les
Nouvelles-Hébrides, n'est distante de celle-ci que de 500
kilomètres ou 270 milles : il faut en naviguant à une
vitesse très réduite à peine 40 heures pour franchir cette
distance.

Les îles Loyauté (Loyalty), possession française, dépendances de la Nouvelle-Calédonie, ne sont séparées de l'archipel néo-hébridais (dont elles sont le prolongement) que
par une centaine de milles qu'on parcourt en une dizaine
d'heures.

Ces chiffres nous paraissent et vous paraîtront sans doute
à vous-mêmes décisifs. Ils montrent péremptoirement que
loin de dépendre de l'Australie, les Nouvelles-Hébrides se
trouvent géographiquement dans l'orbite et la sphère
d'action de la Nouvelle-Calédonie, avec laquelle elles sont
en relations étroites, grâce à la proximité et aux affinités
naturelles, commerciales, économiques et politiques.

Si on laissait les Australiens s'emparer des Nouvelles-
Hébrides sous prétexte de voisinage et par application de
la doctrine de Monroë, que pourrait-on leur répondre le
jour où ils viendraient réclamer la cession de la Nouvelle-
Calédonie, bien plus rapprochée de l'Australie !

En résumé, indépendamment de sa valeur propre et
intrinsèque, l'archipel néo-hébridais en a une toute spé-
ciale comme complément et en quelque sorte comme rem-
part de la Nouvelle-Calédonie, puisque la perte de l'un
entraînerait fatalement la perte de l'autre.

Nécessité de notre protectorat.

La conservation de ces deux possessions présente pour la France un intérêt majeur : Vous aurez à cœur, nous n'en doutons pas, d'y faire respecter ses droits d'accord en cela avec le Gouvernement, qui, dans sa déclaration aux Chambres, a promis « de maintenir intact le patrimoine moral et matériel de la France ».

Le *statu quo* aux Nouvelles-Hébrides serait désormais un leurre ; il nous ferait perdre le bénéfice de la situation si péniblement acquise et ne profiterait qu'à nos adversaires en leur permettant de travailler à l'accomplissement de leurs desseins. Les annexionnistes d'Australie l'ont d'ailleurs eux-mêmes rendu impossible en déchirant le pacte de neutralité lié au *statu quo* et en déclarant hautement leurs intentions à l'égard des Nouvelles-Hébrides d'abord, de la Nouvelle-Calédonie ensuite.

Le gouvernement anglais, dont nous ne voulons pas mettre en doute la loyauté, ne peut trouver mauvais que la France prenne les mesures préventives que comporte la défense de ses droits.

La proclamation immédiate du protectorat français sur les Nouvelles-Hébrides est le seul moyen de les sauvegarder efficacement. Les circonstances et les incidents que nous venons de signaler en font une **nécessité pressante.**

Nous vous supplions de résoudre en ce sens par un vote formel une question où l'intérêt général et national l'emporte de beaucoup sur notre intérêt particulier.

Nous avons peut-être à perdre au point de vue pécuniaire à un changement de situation. On a dit que des charges fiscales, douanières et autres, devant résulter de l'incorporation coloniale des Nouvelles-Hébrides, nous feront regretter les franchises et immunités dont nous jouissons actuellement.

Non, nous ne regretterons rien, dès lors que notre nationalité sera sauve et que nous serons assurés de pouvoir la transmettre à nos enfants. C'est à cela que nous tenons le plus ; en fils dévoués et fidèles de notre bien-aimée France, impatiente de voir flotter le drapeau tricolore sur ces terres déjà partie intégrante de son domaine d'outre-mer.

Dans l'espoir que ce vœu sera exaucé nous avons l'honneur d'être.

   Messieurs les Sénateurs,
   Messieurs les Députés,
   Vos respectueux compatriotes.
Suivent de nombreuses signatures.

29 janvier 1903.

ANNEXE V

Premières statistiques officielles recueillies par la douane de la Nouvelle-Calédonie en 1904 sur le commerce des Nouvelles-Hébrides.

Importations.........................	660.458 fr.
Exportations.........................	647.484
Total	1.307.942 fr.

IMPORTATIONS

Maïs (763.012 kil.)...................	127.106 fr.
Café (80.783 kil.)....................	119.357
Coprah (2.316 tonnes)................	388.924
Fruits (bananes, ananas, etc.)..........	6.380
Coquillages de nacre.................	12.836
Divers............................	5.675
Total	660.458 fr.

EXPORTATIONS

Conserves de viande.................	26.000 fr.
Viandes salées......................	5.000
Farine............................	11.000
Riz...............................	24.919
Pommes de terre....................	5.200
Cassonade	5.600
A reporter...	77.719

Report......	77.719
Tabac à fumer.......................	11.800
Tabac en figues.......	22.657
Bois de construction............	36.897
Bières en bouteilles..................	18.477
Vins (110.343 lit.).................	60.000
Eaux minérales.....................	3.000
Ciment............................	5.000
Fer étamé, tôles....................	16,530
Savons............................	5.000
Tissus divers......................	74.225
Ouvrages en métaux................	38.863
Armes et munitions................	52.172
Meubles et ouvrages en bois.........	25.506
Divers............................	199.638
Total	647.475

En 1905, nous commencerons à voir figurer des exportations importantes de cacaos dont la culture vient d'être entreprise par quelques colons ; de nombreuses vanilleries sont également en bonne voie.

On sait que par un arrêté en date du 28 juin 1904, les cafés néo-hébridais à destination des colonies françaises autres que la Calédonie ne paient qu'un droit spécial de 5 fr. par 100 kil. quand ils sont accompagnés d'un certificat d'origine [1] ; le maïs paie 2 fr. avec certificat et 3 fr. sans certificat. Le produit de ces taxes spéciales de 5 et 2 fr. est affecté aux dépenses du Commissaire général de la R. F. dans l'Océan Pacifique.

1. Le cacao est taxé 6 fr. et la vanille à 50 fr. les 109 kilos.

En 1904, le budget calédonien a reçu 29.430 fr. de droits
à 3 fr. par 100 kil. provenant de 981 tonnes maïs intro-
duit dans la colonie sans certificats et le nouveau budget
néo-hébridais a bénéficié de 7.323 fr., le produit de 366
tonnes maïs pourvu de certificats d'origine.

Pour 1905, la presque totalité du maïs de l'archipel
N.-H. étant expédié avec certificats, toutes les sommes
perçues à l'entrée seront versées au nouveau budget spécial.

Nous ignorons à l'heure actuelle, si nos compatriotes
ont pu se créer une clientèle pour leurs cafés dans nos
colonies d'Afrique et d'Asie ; nous souhaitons vivement qu'ils tirent grand profit des mesures financières
bienveillantes dont ils ont été dotés par M. le Gouverneur
Picanon.

On peut estimer à 800.000 fr. le chiffre des échanges
commerciaux des néo-hébridais avec l'Australie : leur
commerce total s'élèverait donc à plus de 2 millions, chiffre
plutôt au-dessous de la vérité : *on voit donc l'importance
commerciale de l'archipel, importance croissante depuis
que le rôle de la France y est un peu plus actif.*

Le commerce local devra sans doute faire des efforts
pour nous assurer les commandes et les produits de ce
gros client qui nous est disputé par l'Australie. « Les
affaires sont les affaires », et on ne peut raisonnablement
demander à nos compatriotes néo-hébridais de nous favo-
riser de leurs opérations commerciales quand ils trouvent
avantage à s'adresser aux Australiens. (*Bulletin du Commerce de la Nouvelle-Calédonie et des Nouvelles-
Hébrides.*)

ANNEXE VI

**Noms des principaux colons français des Nouvelles-Hébrides
et quantité de maïs prévue pour l'exportation en 1905.**

I. — *Ile de Valé*

	kil.
Blanchard Charles et Cie................	60.000
Blanchard, Henri.....................	10.000
Bourdois, Célestin...................	50.000
Bouyer, Louis.......................	100.000
Chevillard, Ferdinand................	100.000
Coulon, Enguerrand..................	15.000
Faucher, Joseph.....................	20.000
Frouin, Gabriel.....................	40.000
Hannéquin, Narcisse..................	12.000
Hoarau, Gaston......................	30.000
Khlem, Jean........................	30.000
Largeau, Fernand....................	40.000
Lecaime, Louis......................	20.000
Morache, Émile......................	50.000
Paris, Alfred.......................	25.000
Poncin, Eugène......................	30.000
Rolland, Oscar......................	10.000
Rosiers, Alfred.....................	80.000
Rossi, Mathieu......................	150 000
Salvin, Sylvain.....................	150.000
Mme Sarda.........................	6.000
A reporter...	1.028.000

Report	1.028.000
Sicard, Ferdinand	20.000
Stuart Peterson, Robert	500.000
Tristani, Pierre	30.000

II. — *Ile d'Api*

Ancelin, Louis	70.000
Beaulieu, Gabriel	40.000
Berger, Édouard	50.000
Bousquet, Eug., et Lançon, Aug	120.000
Collet, Charles	40.000
Fortolis, Jules	20.000
Hagen	30.000
Lauranceau, Auguste	20.000
Naturel, Georges	80.000
Mme Millet	160.000

III. — *Ile de Mallicolo*

Bianchéri, Jean-Baptiste	10.000
Javelier, Lucien	14.000
Vezia, Alexis	6.000

IV. — *Ile de Santo*

Beaujeu, Léon	10.000
Delung, Saint-Martin Raymond	20.000
Houchard, Auguste	10.000
Peyrolle et Lohberger	24.000
Russet, Auguste, et Ratard, Paulin	54.000
A reporter	2.356.000

Report...... 2.356.000

V. — *Ile d'Aoré*

Briault, Martial...................... 50.000
Caillard, Edmond.................... 50.000

VI. — *Ile de Malo*

Lachaise, Fortuné................. 25.000
Volsy, Jean....................... 50.000

VII

Société Française des Nouvelles-Hébrides. 100.000

Total   2.631.000 kg.

ANNEXE VIII

Population des Nouvelles-Hébrides au moment de l'inauguration du service postal de la Compagnie des Messageries Maritimes
Janvier 1904 [1]

FRANÇAIS

Hommes.................................... 135
Femmes.................................... 58
Enfants.................................... 57

                              Total   250

ANGLAIS

Hommes.................................... 86
Femmes.................................... 36
Enfants.................................... 28

                              Total   150
dont pour les Missions.................... 65
Reste, colons et traders.................. 85

Population des Nouvelles-Hébrides au commencement de l'année 1906.

Français................................. 401
Anglais.................................. 212

        Total de la population blanche   613

1. Population blanche en 1887 : 150 personnes, dont 15 mission-naires, Anglais et Français.

SERVICE DES DOUANES

**Marchandises importées des Nouvelles-Hébrides en Nouvelle-Calédonie
du 1er Juillet 1904 au 30 Juin 1905.**

DÉSIGNATION DES PRODUITS	POIDS	VALEURS	OBSERVATIONS
Volailles vivantes........	35 kilos.	55 fr.	
Coquillages de nacre bruts	51.653 —	13.147 »	
Maïs en grains...........	1.423 985 —	244.060 »	
Fruits frais...............	66.123 —	9.666 »	
Coprah...................	3.633 969 —	432.701 »	
Légumes frais...........	1.214 —	90 »	
Valeur totale		699.719 »	

EXPORTATIONS
du 1er Juillet 1904 au 30 Juin 1905 : 500.182 francs.

BIBLIOGRAPHIE

DOCUMENTS

Livre jaune. Documents diplomatiques. *Affaires des Nouvelles-Hébrides et des îles Sous-le-Vent de Tahiti*, 1887.

Blue Book, France n° 1 (1888). *Agrement between the British and French governments relative to the New-Hebrides*, 1887 and 1888.

The Pacific Order in Council, 1896 (Darling and Son, n° 2137).

Loi du 30 juillet 1900 (*Journal officiel* du 3 août 1900).

Décret du 28 février 1901 (*Journal officiel* du 25 mars 1901).

Rapport de M. Louis Brunet (n° 743 du rôle général des pétitions) sur la pétition de Français habitant la Nouvelle-Calédonie et les Nouvelles-Hébrides. Chambre des députés, n° 1114, session de 1903.

Convention anglo-française du 8 avril 1904.

OUVRAGES, MONOGRAPHIES ET ARTICLES

DEPUIS LA CONVENTION D'OCTOBRE 1887

Paul Deschanel, *Les intérêts français dans l'Océan Pacifique.* Paris, 1888.

Comte de Varigny, *L'Océan Pacifique.* Paris, 1888.

H. le Chartier et Ch. Legrand, *Guide de France en Océanie et d'Océanie en France.* Paris, 1889.

Imhaus, *Les Nouvelles-Hébrides.* Paris, 1890.

Speder, Aux îles Hébrides et aux Salomon, dans le *Bulletin de la Société de géographie commerciale de Paris*, t. XIV, 1892, p. 50.

Dr François, *Les Nouvelles-Hébrides.* Ibid., p. 385.

Le P. de Salinis, *Marins et Missionnaires.* Paris, 1892.

Gaston Beaune, *La terre australe inconnue* (11 croisières aux Nouvelles-Hébrides). Lyon, 1894.

Dr Hagen, *Études sur les Nouvelles-Hébrides.* Nancy, 1893.

Dr E. Daville, Sur les Nouvelles-Hébrides, dans les *Archives de médecine navale*, t. LXII (1894).

Dr E. Daville, *Guide du colon aux Nouvelles-Hébrides.* Paris, 1895.

Dr E. DAVILLE, *La colonisation aux Nouvelles-Hébrides*. Paris, 1899.

Augustin BERNARD, *L'archipel de la Nouvelle-Calédonie*. Paris, 1895 (Thèse de la Faculté des lettres).

Jean CAROL, Une question franco-anglaise, dans la *Revue de Paris*. 1900, t. I, p. 242.

Jean CAROL, *Enquêtes judiciaires* (Nouvelle-Calédonie), le complément dans le *Temps* du 15 mai 1900.

RENÉ PINON, La France des antipodes, dans la *Revue des Deux Mondes*. 1900, t. II, p. 779.

Paul LAVAGNE, La question des Nouvelles-Hébrides dans les *Annales des sciences politiques*, t. XV (1900), p. 704.

POURBAIX et PLAS, *Recueil des Sociétés coloniales*. Paris et Bruxelles, 1900.

Nicolas POLITIS, La condition internationale des Nouvelles-Hébrides. Extrait de la *Revue générale de droit international public*.

Annexe aux Instructions nautiques n° 750, 1902.

Ch. LEMIRE, *Les intérêts français dans le Pacifique*. Paris, 1904.

DIVERS. Enquête sur les Nouvelles-Hébrides, dans le *Mois colonial et maritime*. Paris, 1904.

Cap. H. BRIAULT. *La France australe*, passim, 1902-05.

Cap. B. GÁSPARD,   —   —
Louis GRIFFON.   —   —

Henri RUSSIER, *Le partage de l'Océanie*. Paris, 1905.

Raymond BEL, La France aux Nouvelles-Hébrides, dans *Le Tour du Monde*, n° 15, 1905.

EN ANGLAIS

THE EARL. *Sout South Sea Bubbles.*
BISH. MONTGOMERY. *The Light of Melanesia.*
PALMER. *Kidnapping in the South Seas.*
WAWN. *South Sea Islanders.*
JULIAN THOMAS. *Cannibals and Convicts.*
STEED. *New Hebrides.*
GRIFFITH. *In an unknown Prison Land.*
GILL. *Jottings from the Pacific.*
Mrs PATON. *Letters.*
Dr LAMB. *Saints and Savages.*

TABLE DES MATIÈRES

BIBLIOTHÈQUE NATIONALE
R.F.
IMPRIMÉS

NOTES SUCCINCTES

———

ANNEXES :

PLANCHES HORS TEXTE

BIBLIOTHÈQUE NATIONALE IMPRIMÉS

MACON, PROTAT FRÈRES, IMPRIMEURS.

LIBRAIRIE MARITIME ET COLONIALE
Augustin CHALLAMEL, Éditeur
17, rue Jacob, Paris

OUVRAGES SUR LES COLONIES
L'ALGÉRIE — L'ORIENT
CARTES DES COLONIES FRANÇAISES

**Publications du Ministère des colonies à l'occasion
de l'Exposition de 1900.**

**Ouvrages de l'Institut Colonial international de Bruxelles
et de la Société d'Etudes coloniales de Belgique.**

**Publications de l'Exposition Nationale Coloniale
de Marseille.**

BIBLIOTHÈQUE D'AGRICULTURE TROPICALE

PUBLICATIONS PÉRIODIQUES
La Revue Coloniale.

Explorations. — Missions. — Études géographiques et historiques
(Publication du Ministère des Colonies).
Un numéro de 68 pages tous les mois.
Abonnement annuel . . . . 15 francs.

L'Agriculture pratique des pays chauds.

Bulletin mensuel du Jardin colonial et des Jardins d'essai des colonies

Un numéro de 88 pages avec illustrations tous les mois.
Abonnement annuel . . . . 20 francs.

Le catalogue est envoyé franco sur demande.

MACON, PROTAT FRÈRES, IMPRIMEURS

www.ingramcontent.com/pod-product-compliance
Lightning Source LLC
LaVergne TN
LVHW020624060726
842526LV00003B/863